DEEP WORK

深度工作

个人效能管理精进指南

丰志强◎著

北京大学出版社
PEKING UNIVERSITY PRESS

内 容 提 要

本书是一本源于实践、用于实战的职场能力提升类工具书，创造性地将“职场能力”这个软话题具体化、形象化和可操作化。本书不仅介绍每一个职场精进技巧的价值和作用，而且对技巧如何落地和执行给予了详尽的指导，以助读者最终达成想要的目标。

全书分为9个部分，分别从目标、计划、时间、沟通、变化、团队、知识、生活、工具9大维度深入剖析职场生涯的方方面面，让个人效能管理的9大维度形成合力，构成体系，理论中融入案例分析，采用“案例表象—根本原因—解决之道”的逻辑架构深度挖掘问题的本质，构建个人效能管理精进指南。

本书适合于广大职场人士和创业人士，以及希望能够改变自己、提升自己的人。

图书在版编目(CIP)数据

深度工作：个人效能管理精进指南 / 丰志强著. — 北京 : 北京大学出版社，2020.4
ISBN 978-7-301-31314-5

Ⅰ. ①深… Ⅱ. ①丰… Ⅲ. ①工作方法 Ⅳ. ①B026

中国版本图书馆CIP数据核字(2020)第055335号

书　　名　深度工作：个人效能管理精进指南
SHENDU GONGZUO：GEREN XIAONENG GUANLI JINGJIN ZHINAN
著作责任者　丰志强　著
责 任 编 辑　张云静
标 准 书 号　ISBN 978-7-301-31314-5
出 版 发 行　北京大学出版社
地　　址　北京市海淀区成府路205 号　100871
网　　址　http://www. pup. cn　　新浪微博：@ 北京大学出版社
电 子 信 箱　pup7@ pup. cn
电　　话　邮购部 010-62752015　发行部 010-62750672　编辑部 010-62570390
印 刷 者　北京鑫海金澳胶印有限公司
经 销 者　新华书店
787毫米×1092毫米　16开本　14.5印张　209千字
2020年4月第1版　2023年2月第5次印刷
印　　数　12001-14000册
定　　价　49.00元

自序

我们到底想要什么样的职场

我特别喜欢明代思想家王阳明提出的“知行合一”的思想，虽然只有四个字，信息量却足够大，每个人都有自己的解读。在我看来，“知行合一”中的“知”和“行”分别代表心灵的“知”和身体的“行”，前者通过思考推动成长，后者通过行动促进成长，而只有将两者结合，才能达到成长的目的，如果厚此薄彼，那么成长无望。

我们每个人短短几十载的人生，都是一种成长的过程，你所遇到的人、所碰到的事、所品尝的酸甜苦辣、所经历的欢乐与泪水，其实都在助你成长，都是成长的一部分。正如孟子所说，“故天将降大任于是人也，必先苦其心志，劳其筋骨，饿其体肤，空乏其身，行拂乱其所为，所以动心忍性，曾益其所不能”[①]。其中既有“行”的磨炼，也有“知”的顿悟。我见过太多“行”有所长的实践者，仅仅因为思想阻碍了自己，固守着虚妄不实的观念，无法让自己的“行”再进一步。我们每一个人在智力上相差无几，但是有些人的人生路、职场路走出了阳关大道，有些人却走到山穷水尽，探究本源只因一个字：“知”！一个人的认知、格局、眼光、胸襟往往成为决定其人生高度的关键因素。

既然人生是一场成长之旅，我们每个人都希望自己能够精进，成为自己想成为的人、做自己想做的事情、过自己想过的生活，但是辛弃疾

① 出自《孟子·告子下》。

告诉我们“叹人生，不如意事，十常八九”。虽然不如意也是成长过程中的“磨刀石”，但是长期执念于不如意，会限制一个人的成长，这就是为什么孔子在三十岁的时候就主张有教无类、广收门徒，鲁迅年轻时弃医从文、以笔为刀，这些伟大的人都希望能够通过教化去改进人们的思想和认知，进而更加洞悉自己的人生应该怎么走。

最近几年是移动互联网井喷式发展的几年，是信息和知识大爆炸的几年，伴随而来的知识经济亦如火如荼地繁荣起来，求知若渴、喜欢阅读的小伙伴也越来越多，往大了讲，这对一个民族、对国家来说是功在千秋的好现象，而且这几年也出现了很多深刻的思想，影响了千千万万的小伙伴，包括我自己。不过，当我们接触了大量甚至过载的知识和信息之后，反而更容易出现困惑、迷茫的心理感知。比如前有“下班后的时间决定你的人生高度”“未来这个能力将会最值钱”“两小时让你的年薪翻倍增长”的鸡汤术，后有“听过很多道理，依然过不好这一生”“当你的才华还撑不起你的梦想时”的反鸡汤术，我们瞬间就凌乱了，到底应该听谁的？到底应该怎么办？如此海量观点迥异的谆谆教导，却让我们更加困惑和焦虑。

相比苦口婆心的“道理”和危言耸听的“泪点”，我们需要的不仅仅是情感的共鸣、泪点的戳中和点头称赞的附和，更重要的是真正有人告诉我们如何一步一个脚印地实现职场升级，升级的步骤是哪些，每个步骤践行中的技巧又有哪些，让我们有能力按照这些步骤、技巧去实践，走好自己职场中的每一步，最终实现跃迁！

市面上不乏关于职场技巧和励志成功的书籍、视频、音频、文章，诸如时间管理、计划管理、目标管理之类，但是学习之后，却发现上至方法论，下至步骤技巧，没有任何有高度、有深度的手把手教你成长的全能型知识，毕竟职场管理是一门需要智慧的艺术，这个特点无形中增加了其复杂度。再加上每个人都有不同的背景、人生观、价值观，所以自我成长类的知识呈现在我们面前时永远是割裂化、碎片化、理论化的状态。

而我却始终坚信一定能够找到一个切入点，将成长通过系统化、技巧化、步骤化、显性化的方式展示出来，成为我们职场精进路上的指导手册。早在两千多年前，秦始皇就在使用项目管理的方式修建万里长城，但是几千年来国人却并没有将项目管理体系化、步骤化，直到美国项目管理学会提出了 PMBOK（Project Management Body of Knowledge，项目管理知识体系），项目管理才得以用科学的手段系统地体现出来，所以万事皆有可能！

无论你是雇主还是雇员，每一个人都在职场中，只是职场角色不同而已。职场是决定我们人生精进的关键，我一直希望自己能够将几十年中散落在职场、创业路上点点滴滴的经验和认知，串成一条成体系、可操作、好理解的职场跃迁项链，郑重地交给你。直到今天，我认为未来已来，时机已到，所以才有了这次的厚积薄发，将成长这个虚幻话题下的精进规律通过显性的方式呈现出来。这本前后历时近一年完成的作品承载了多少个不眠之夜、多少次周末烧脑、多少轮反复校准和权衡，才最终凝聚成了“九宫格职场论”。

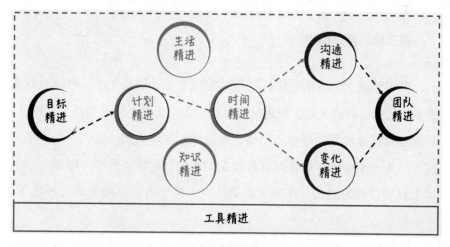

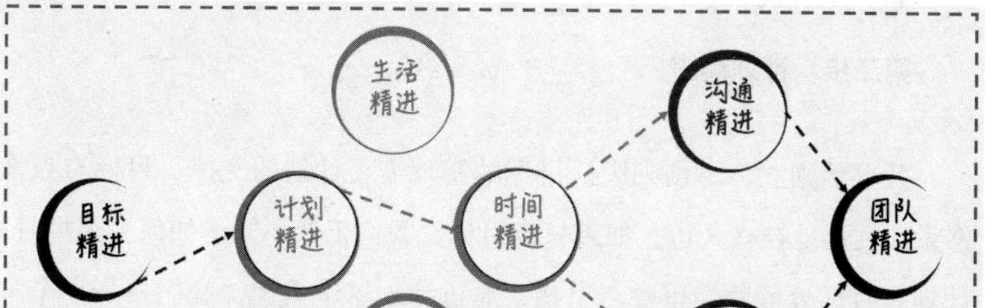

九宫格职场论

“九宫格职场论”一共由九个部分组成，分别是目标精进、计划精进、时间精进、沟通精进、变化精进、团队精进、知识精进、生活精进和工具精进。通过九大维度的精进，最终构建职场人生的精进成长模式，形成“1+1+1+1+1+1+1+1+1>9”的合力。更重要的是九大精进并非彼此独立，在关系线维度上，它们是一个互相促进、互相联系的关系；在时间线维度上，彼此之间又具有前后依赖的逻辑关系。

第一步：目标精进

不忘初心，方得始终！制定目标是我们每个人的起点，是我们每个人精进的第一步。目标制定看起来好像很容易，比如万达董事长王健林脱口而出的“先挣一亿的小目标”。但是目标精进步法中的“目标”特指终极目标，“一亿”并非王健林的终极目标，而是分解后的小目标。通过对终极目标的全方位审视、思考和探究，找到自己内心最深处的渴求，是目标精进乃至职场精进的基石。认清你的目标，你的每一个想法、每一次行动甚至全身每一个细胞都朝目标前进，这才是你职场成功最大的捷径。

第二步：计划精进

凡事预则立，不预则废！目标的实现需要计划的支撑。目标有点像愿景，远远地挂在天边，如果只有目标，我们仍然不知道如何上天揽月。计划是目标分解后的重要产出物，通过计划这个天梯，我们一步一个脚印、一步一个台阶，最终可以将挂在天边的目标收入囊中。但是在今天这个日新月异的时代，在黑天鹅事件、灰犀牛事件[①]频发的大环境下，

① 黑天鹅事件：非常难以预测且不寻常的事件，通常会引起市场连锁负面反应，甚至颠覆原先的市场；灰犀牛事件：太过常见或人们习以为常的风险，比喻大概率且影响巨大的潜在危机。

计划精进的前提是我们需要刷新对计划的认知，过去对计划的认知建立在农业社会和工业社会基础之上，今天已不再适用。

第三步：时间精进

盛年不重来，一日难再晨！时间是我们最宝贵、最原生的资源，目标的实现、计划的执行都需要依赖时间资源才能达成。但是由于每个人对时间的理解不同，使用时间的策略和技巧也不尽相同，进而导致时间利用的效率和效果大不相同。时间精进依赖于你对过去花费时间的分析、对时间属性的分析、对待办事项的分析，当你对同一把时间测量尺上的事件进行有效结合的时候，你的时间管理能力自然能有效提升。

第四步：沟通精进

鸡同鸭讲、对牛弹琴不是笑话，而是非常普遍的现实场景。有了目标、有了计划，也有了时间驾驭术之后，在践行过程中不可避免地需要各种沟通。很多人在沟通上存在误区，常在面对影响自己前途的上级或者客户的时候，缺乏信心沟通或者遭受沟通打击。到底怎样的沟通才算是有效沟通，到底如何在沟通上做到精进，沟通能力是否是天生的，沟通能力是否和性格有关，我希望通过沟通精进这个普遍的话题，通过实例展示回答这些问题，揭开深层次的沟通本质。

第五步：变化精进

流水不腐、户枢不蠹，世界上唯一不变的就是变化！变化维度的精进需要我们认清一个现实，建立一个认知。“一个现实”是世界是变化的，这是一个亘古不变的趋势，认清了这个现实之后，我们才有可能抛掉故步自封的陈旧想法，借势拥抱变化而不是逆势逃避变化；“一个认知”是在这个阶层越来越趋于固化的社会，只有变化才能够孕育机会，只有变化才可能逆袭，特别对于靠自己打拼的我们，更需要懂得“乱世出英雄”的真谛，所以拥抱变化才能够成就未来。

第六步：团队精进

天时不如地利，地利不如人和。当你在精进路上达到一定阶段之后，无论你是从事技术还是业务工作，最终都将走上团队管理这条路。因为单凭一己之力很难影响大局，在全球化的今天，我们更加需要借助团队的力量，跨越时空的界限去竞争。驾驭团队、激发团队、提升团队，其实是我们每一个人在精进过程中的必经之路。

第七步：知识精进

从第七个步骤开始，严格意义上讲，并没有前面六个步骤那样明显的时间先后顺序，知识精进和第九步的工具精进更多的是和其他维度的精进相辅相成，并融于其中。考虑到我们很难从一开始就建立好自己的知识体系，因为知识体系往往建立在我们对目标、对计划、对时间、对沟通、对变化、对团队的深入理解和实践的基础上，所以我更愿意大家在践行前面六大步骤的过程中去尝试构建个人的知识体系，在知识维度进行精进。未来决胜的关键取决于知识储备的深度和广度，在知识大爆炸的时代，如何利用有限的生命去获取最璀璨的知识珍珠，是摆在我们每个人眼前的一个难题。

第八步：生活精进

对很多人来讲，追求美好生活是我们努力精进的目标，我们只有在尝试了前面七步之后，对生活的理解才不会停留在表面，而会更加趋于本质，所以精进成长的第八步是生活精进。之所以把生活精进列入九宫格，是源于我们面对残酷现实的态度，虽然现实很残酷，社会压力大，虽然未来堪忧，但这仅仅是我们对客观世界的主观评价，我们需要在生活中改善我们的态度，平衡我们的生活。至于如何改善，我会在生活精进步骤中与大家分享。

第九步：工具精进

工具精进之所以放在最后一步，是希望大家明白工具仅仅是辅助，而不是核心，正如我在帮企业构建管理体系的蓝图时，将工具定位为提升管理理念的实现途径一样。在我们的个人成长中，工具是为了让前面八步走得更加高效，而且并非越先进的工具越适合我们，我们需要在实践中找到最适合自己的工具。这一切都需要在启动前面八步之后去探索、实践。移动互联网时代，有很多可以帮助我们成长的工具，这一点我会在这一部分为大家呈现。

在人人速读和碎片化读书的时代，我更希望大家能够静心精读一本好书，在阅读过程中，通过多个渠道查询、吸收各种补充资料，从而加深对书的理解，毕竟一本几十万字的书很难面面俱到。为了让大家更能洞悉精进成长九宫格职场论的方方面面，我尝试借助新媒体、新技术的优势，将相关延伸阅读的内容通过二维码的方式放在了相关章节的旁边，大家在阅读书本的同时可以拿起手机扫一扫，直接阅读相关链接知识。对我来讲这是一次大胆的尝试，但是创新就是需要通过一次又一次的尝试来促进，创新无法离开尝试的土壤，不是吗？

延伸阅读部分的资源，大家可以添加我的微信公众号 88busy，一次性下载获取。多条路多个选择，正如大家此刻正在翻看这本书，你已给了自己一次了解他人想法的机会，也给了我一次展示思考成果的机会。

同时，无论是正文的九宫格职场论，还是书中二维码展现的延伸阅读内容，你都可以通过我的个人微信号 wefly911 和我进行互动交流和探讨，毕竟一本书篇幅有限，我们能够展开和深入探讨的地方还有很多。让我们一起不断挖掘九宫格的深度，进而获得更好的人生体验！

丰志强

目录

PART 1 目标精进　种下自己的人生之树

固有目标认知的刷新和重构 // 2

个人目标的人生之树 // 6

人生之树的职场目标 // 8

职场目标的三维认知 // 10

职场的 T 型能力修炼 // 21

构建专属能力雷达图 // 24

大师的团队级目标管理思考 // 26

团队目标管理的五大误区 // 29

团队目标制定六步走 // 34

PART 2 计划精进　规划专属自己的活法

计划无用论和计划夭折论 // 42

计划背后的心理学和社会学 // 43

计划的内在价值探究 // 47

新时代计划制订六步走 // 52

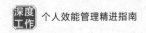

PART 3 时间精进 24小时深度至上

时间精进的思考 // 64
时间的本质 // 65
时间精进七锦囊 // 70
时间精进框架构建六步走 // 79

PART 4 沟通精进 沟通不是说话

沟通的两个误区 // 96
向上沟通的说服力 // 97
向上沟通的正确说服之道 // 102
向上沟通的 3W1H 说服法 // 105
汇报制胜的锦囊妙计 // 109
主动找上级汇报进度 // 111
汇报的开场制胜 // 113
沟通无易事——写邮件 // 114
会议众生相 // 121
会前准备六项 // 122
会中控场三项 // 129
会后跟进三项 // 130

PART 5 变化精进 逆袭的唯一机会

如影随形的变化 // 132
职场内部求变 // 134
职场借势求变 // 138
跳槽外部求变 // 139

跳槽矩阵方法论 // 142
“在行”专家的简历最佳实践 // 146
如何搞定面试官 // 151

PART 6 团队精进　你我的必经之路
每个人都要走向团队管理 // 160
你的团队缺人吗？ // 160
高效团队四原则 // 162
团队管理中的“疑难杂症” // 170

PART 7 知识精进　构建个人知识体系
无“知”的信息量大爆炸时代 // 176
无效学习的陷阱 // 179
深度学习和交叉复盘 // 180
个人知识体系构建的“三板斧” // 182
阅读速度的快和慢 // 186
找到自己的阅读动力 // 187

PART 8 生活精进　积极成长的调色板
熬夜后果远比想象的严重 // 190
没有理由不对自己好一点 // 192
爱好是心灵寄托的港湾 // 194
社交不是朋友圈 // 196
幸福诀窍：即刻出发 // 196

PART 9 工具精进　积极成长的他山石

云笔记工具：个人知识体系管理利器 // 200

云提醒工具：个人时间管理利器 // 210

思维导图工具：个人创新管理利器 // 212

后记　一切才刚刚开始 // 217

PART 1
目标精进
种下自己的人生之树

固有目标认知的刷新和重构

目标，是我们人生精进的探路石，简单来看，除却幼儿时期和退休时期，我们可以把此生的黄金时期分为学生时代和职场时代，我也相信有缘看到这本书的朋友绝大多数处于这两个时代。目标永远具有鲜明的时代特性，谈目标精进，就需要首先了解这两个不同的黄金时代分别有什么样的目标特点。

从6岁上小学到22岁大学毕业，学生时代横跨16年的漫长岁月，我们每天除了上课就是考试，你可以说学生时代的我们没有什么远大目标，基本上按照课程表来学习就可以，你也可以说远大目标永远在那里，就是考试升学、蟾宫折桂。

大学毕业后，我们迈进了职场时代，初入职场的我们懵懵懂懂，平时大部分工作都来自上级的安排，上级安排的工作就是我们眼前最现实的目标，上级安排一件我们就做一件，久而久之我们发现，工作不但做不完，而且越做越多，因此我们越来越忙，压力随之越来越大，大多数的我们就这样被推着往前走。时光如白驹过隙，一不小心我们就从青年走到了中年、走到了职场瓶颈期、走到了下坡路。

如何拒绝这样的被动目标？如何摆脱这样的被动人生？

答案说起来很简单，主动思考并设立自己的目标，而不是任由外界被动设立。但是如何做呢？

在剖析如何主动设立自己的目标之前，我想问大家一个问题：你的目标是什么？过去几年，在面对找我咨询职场、时间、沟通等各种话题的朋友们时，我抛出的第一个问题也是这个。

为什么会是这个问题？因为无论是职场困惑、简历难题还是生活的迷茫，人生中的种种问题，表面看起来似乎和目标没有关联，但是追根溯源，目标管理的失衡是问题的关键。

没想到这个问题却问住了一大批朋友。其原因有二：其一，没想到我问了一个和困惑无关的问题；其二，的确不知道自己的目标是哪一个。当我们苦恼于职业生涯的瓶颈，困惑于时间如何管理，挣扎于“日出而作、日落而息”的生活时，我们的目标不是没有，而是太多了。

- 我的目标是把当前项目做好
- 我的目标是让简历做得更加专业
- 我的目标是上下班不用挤地铁
- 我的目标是站在埃及金字塔之巅
- 我的目标是赚好多好多钱
- 我的目标是自由
- 我的目标是大吃一顿
- ……

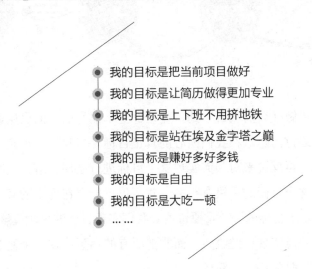

林林总总的目标代表着我们每一个人心底朴素的渴望。

可是这些是目标吗？或者说是我们内心真正的目标吗？

当然，我们把上图列出的内容定义为目标也没有错，因为每个人对目标都会有自己的理解，但是我更愿意把上面列出来的称为实现目标的“手段”，而非“目标”本身。

比如上图第一条“我的目标是把当前项目做好”，把当前项目做好真的是我们的目标吗？我看未必，很可能我们认为只有把项目做好，才有升职加薪的可能性，所以深入探究和追问后，我们会发现“把当前项目做好”仅仅是“升职加薪”的实现手段而已。

那么“升职加薪”就是我们的目标吗？我看也不一定，很可能我们认为只有实现“升职加薪”，才有能力在寸土寸金的大城市买一套属于自己的房子。

“买一套属于自己的房子”就是我们的目标吗？我看也可以打一个问号，很可能“买一套属于自己的房子”是希望妻儿过上幸福的生活……

一直追问下去，一直思考下去，一直洞察下去，我们才有可能识别手段背后的真正目标，而这个真正目标才值得我们奋斗终生。

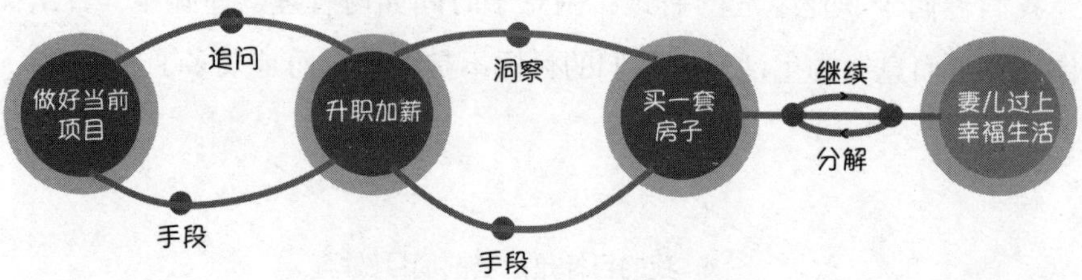

通过从“做好当前项目”到“妻儿过上幸福生活”的层层追问和洞察，才能最终挖出隐藏在我们内心的真正目标。当我们认识到内心的真正目标之后，再反过来对如何实现这个目标进行层层分解，这时会豁然发现，实现这个目标的手段有很多，并不仅仅局限在列出的某一个，这是顺向洞察真正目标的一个重要价值。我们实现目标的手段应该多样化，只有多样化才能实现稳健收益，而非把所有的鸡蛋放在一个篮子里，把所有的“宝”押在一个手段上。

比如“妻儿过上幸福生活”这个目标，我们可以有很多实现手段，并不仅仅局限在买房上。陪伴是最长情的告白，和孩子一起动手拼砌乐高作品、陪妻子过一个温馨的生日晚宴、带着全家去旅行等，都可以帮助我们实现这个目标。实现目标的手段越多、方法越多、途径越多，就越不容易患得患失、重心失衡，就越容易获得内心的平静和幸福的人生。东方不亮西方亮，条条大路通罗马。

识别真正目标的另一个重要价值在于，避免陷入迷失真正目标的误区，每天为了“手段”而忙忙碌碌，到最后发现，虽然当前的“手段”完成了，但是时过境迁，“手段”已经过时，已经无法支撑我们实现目标，辛苦一场后目标还是那么遥不可及。

手段实现了，为什么目标却没有实现呢？

如果想回答这个问题，需要首先审视我们当下所处的环境。我们正处在一个变化越来越快的环境中，周围环境的变化要求你的“手段”也需要随之变化，而非一成不变。

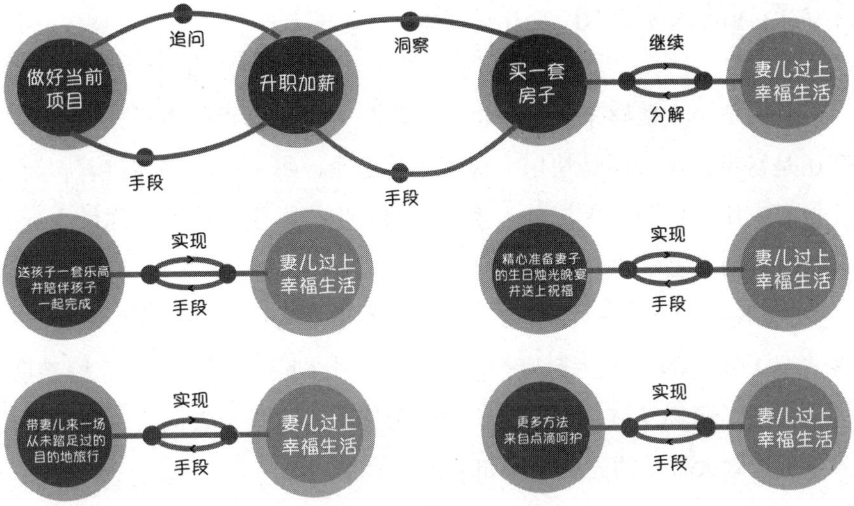

如果我们只低头盯着“手段”本身，而不抬头看想要达成的真正目标，不能根据环境的变化去适时调整我们的“手段”，纵使手段实现了，很可能也是徒劳无功。

源自英特尔，发扬于谷歌的 OKR（Objectives and Key Results，目标与关键成果法），其背后的思想是：每一个 O（目标）相对恒定，而实现 O 的 KR（关键成果）可以因需而变、因时而变，只要 KR 的变化是为了实现 O 即可。这里面有一个很重要的前提就是，不要把 KR 误认为我们的 O，即不要把实现目标的手段误认为我们的目标。

延伸阅读

手机扫一扫

OKR解码

- OKR是什么
- OKR有什么用
- 如何有效使用OKR进行绩效管理

-->底部菜单《九宫格》专题之01文章

扫一扫

此时再问自己一个简单而又困难的问题：我的目标是什么？

个人目标的人生之树

我们每个人能够来到这个世界，都是上天最珍贵的馈赠，无论是贫穷还是富足，痛苦还是快乐，疾病还是健康，每一个人都在过着“天生我材必有用”的独一无二的人生，你的人生你做主，你希望你做主下的人生之树结出怎样的果实呢？

我们每个人终其一生都会在人生画卷上谱写出自己的人生之树，通常情况下我们的人生之树盛开六大枝丫，分别是健康基石、家庭亲朋、价值实现、职场发展、精进成长和休闲娱乐，对我个人而言，我自己的人生之树六大枝丫的先后顺序如下图所示。

（1）健康基石：健康是我们人生的基石，没有了健康就没有了一切。我们很多人的确把“身体是革命的本钱”挂在嘴上，但是生活中依然在透支和挥霍健康，总觉得世界那么大，倒下的并不一定是自己。我希望你能够把健康真正放在行动的第一位，而不仅仅是口头上。这个健康不仅包含生理上的身体健康，也要包含精神上的心理健康。不要小看心理健康，也不要认为心理健康和自己无关，有数据显示，仅 10% 左右的人能达到心理健康的状态，70% 以上的人处于心理亚健康而不自知，诸如焦虑、暴躁、易愤怒，都是心理出了问题的表现。

（2）家庭亲朋：我思考再三，将人生之树的第二把交椅给了家庭亲朋。无论是 2017 年年底中兴工程师的纵身一跃，还是 2014 年初中同学张斌的猝然离世，留给家庭的都是无穷无尽的痛苦和悲伤。我们常说家庭是我们永远的港湾，只有家庭会在任何时候都给予我们无条件的支持，而我们对于家庭也同等重要，所以不要草率地为了事业牺牲家庭，家庭亲朋是我们最珍贵的财富。

（3）价值实现：我们的价值实现也许是职场实现，也许和职场无关，这个因人而异。但是我更想把价值实现独立出来，列为人生之树的第三根枝丫。正如《钢铁是怎样炼成的》中保尔·柯察金的那句话，“当他回首往事时，不因虚度年华而悔恨，也不因碌碌无为而羞耻”。人生苦短，放飞自己去追求想做的事情，去做自己认为有价值的事情，让自己的此生价值有所实现。

（4）职场发展：我们把此生的黄金时间（从大学毕业到退休）和每天的黄金时间（朝九晚六甚至更长时间）都给了工作，所以职场发展绝对是我们人生之树上重要的枝丫。之所以把职场发展放在价值实现之后，是因为价值实现才是我们人生的根本，职场发展仅仅是价值实现的途径之一，而非全部。如果我们能够将职场发展和价值实现合二为一，那么恭喜你进入了最佳状态，但是对大多数人来说，二者还是有些差别，索性我们就区分开来。

（5）精进成长：活到老学到老，学习不仅仅是学生的事，也不是年轻人的专属，而是所有人的事。通过学习不断精进和成长，在成长的同时对外界、内在会有更深层次的认识，让我们享受到精神富足所带来的愉悦。学习不仅有看书、上课这样的传统方式，留心之处皆学问，让自己永远保持一颗成长的心，才能让我们在每个年龄段焕发出不一样的智慧光辉。

（6）休闲娱乐：高晓松的妈妈曾对他说，生活不止眼前的苟且，还有诗和远方。人生苦短，我们每一个人都不希望自己的一生只有工作，而是希望人生是色彩斑斓的，所以拾起自己的爱好，去远方看看不同的风土人情，让自己过一段不一样的生活。有时候我们的休闲娱乐反倒是当下最重要的事情，把时间“浪费”在美好的事物上，这种“浪费”我认为物超所值!

请注意，上面人生之树六大枝丫的先后顺序仅仅是我个人的人生之树设定，并不一定适用于所有人，你也可以像我一样，按照自己的理解，用思维导图工具画出自己专属的人生之树，画出人生之树上的第一级枝丫，并按照自己认为的重要程度进行排序，每一级枝丫又可以向上分解成下一级更加细化的枝丫，一层层向上伸展，就构建成了属于自己的人生之树，这是一个探求内心的过程。

人生之树的职场目标

“职场发展”虽然在我的人生之树中位列第四根枝丫，但是绝对是所有枝丫中分量和比重最大的枝丫，一个人的职业生涯基本上横跨自20几岁至50几岁大约30年，这30年也是短暂人生中最宝贵的时期。而职场目标是“职场发展”这个枝丫的根本，那么如何确立自己的职场目标呢?

我们很多时候会将职场和创业分开对待，但是无论职场还是创业，其本质都是在一个舞台上实现自我价值或者既定目标。唯一的区别是，在创业场中我们既是舞台的建设者，又是舞台上的表演者，而在职场中我们仅仅是表演者。在职场中，如果能用创业的心态在舞台上尽情表演，那么相信你的演出会更加精彩。无论怎样，你我都在这个大舞台上，都希望自己职业生涯的舞台尽量广阔和平坦，没有那么多的磕磕绊绊。但是职场大舞台上的职场目标，从我的经历来看，皆存在这样或那样伤痕累累的坑。

大坑之一：没有方向感

感觉很迷茫，不知道下一步何去何从。曾经以为迷茫感只存在于即将步入职场的大学生和入场多年的“老油条”身上，毕竟前者是面对全新生活的迷茫，后者是面对瓶颈突破的迷茫，但是这十多年来路过、看过、经过、品过后，我发现很多人在不同时期有不同的迷茫，迷茫感不再是专属，而成为你我每一个职场人的标配。

工作等于打杂，一直找不准方向。再新鲜的工作，三个月后也是味同嚼蜡，再有成就感的工作，一年后也感觉是简单重复，这是很多朋友告诉我的感受。工作新鲜感和成就感的保质期越来越短，是工作本身出了问题，还是我们自身出了问题?

频繁跳槽，简历不忍直视。我看过太多的简历、面试过太多的人，好多人换工作如同换衣服，一言不合就跳槽，若干年后简历中的公司、行业、职业已经百花齐放，这些都将刻在你的职业生涯中，在未来的某一天需要你来偿还频繁跳槽的债。

大坑之二：没有成就感

一直都是螺丝钉，逆袭是很遥远的事情。我相信每个人都胸怀大志、豪情万丈过，每个人都有一颗不甘平庸的心，如果公司需要你做的是螺丝钉而非发动机，如何破?毕竟公司就像金字塔，越往上，职位越少，竞争越激烈。

工作总是被骂，如何找回认同感?辛辛苦苦、绞尽脑汁做出的策划案，被领导批得一无是处，这场景不是没有，而是太多。通宵加班、废寝忘食地把项目做完，却得不到领导的一句认同，如何破?

负债累累，如何通过职场赚取第一桶金?面对年年翻番的房价、昂贵的医疗费用、节节攀升的物价，背负着经济压力的我们如何通过相对现实的职场，来赚取物质回报?

大坑之三：纠结感

逃离北上广还是逃回北上广?从十年前的“逃离北上广”到这几年的“逃回北上广”，折腾的同时透露着职场人士的无奈，我们到底是死守一线城市，还是撤退到二三线城市，是很多人面临的难题。

是去创业公司还是巨头公司?很多小伙伴在各种场合提出了这个常见但是又难以回答的问题，巨头公司大平台的诱惑和创业公司的上升空间让我们陷入两难的抉择。

人到中年，职场半坡，去创业吗?曾经有这样一篇网文戳中了很多人敏感细腻的心房。不管你愿不愿意，你也将步入中年，品尝上有老下有小的中年心境，如何平稳度过中年这个分水岭，甚至成了初入职场年轻人的焦虑。

大坑之四：失衡感

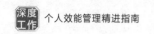

每天累成狗，没有了自己的生活。我不得不承认，曾经我以为职场上的辛苦仅仅是一线城市的专属，当我去二三线城市做项目后，我发现自己错了，无论是几线城市，职场恶劣的生存状况都存在，区别仅仅是比重而已。当我们为了工作抛家舍业、披星戴月时，可曾想到自己的生活可能已经失去了平衡，不再是当初想要的生活。

追逐职场名利，曾经的爱好已经尘封。在熙熙攘攘的名利场中奔波，可曾想到学生时代的音乐爱好、读书爱好、旅行爱好？多年前爱不释手的木吉他已经落灰，偶尔看到的时候触动了我们尘封已久的回忆，然而仅仅是触动一下吗？

想要娃却担心影响职场发展，怎么办？多少职场中的精英女性为了生娃的事焦头烂额，“眼下是晋升的关键时期，过了这个关键时期再生吧”。结果发现一直都是关键时期，为了“升”而将“生”的事一拖再拖，家庭和事业出现严重的失衡。

以上仅仅列出了数亿职场人士关于职业目标的部分问题，无论是全面还是偏颇，单纯探讨具体问题的意义已经不大，头疼医头、脚疼医脚的做法只能是本末倒置、延误病情，我们需要从对职业生涯周期的认知、对自我的认知和对环境的认知三个维度去思考这个问题的答案，进而从纷纭复杂的表象中识别问题背后的根本原因，最终找到职业目标的精进之道。

职场目标的三维认知

第一个维度：对职业生涯周期的认知

从大学毕业到退休的几十年，我们职业生涯的周期是怎样的呢？我们不考虑少数人群，比如大器晚成的柳传志、任正非等，比如扎克伯格、90 后 CEO（首席执行官）等青年才俊，我们只对大部分普通人的职业生涯进行采样和分析，从统计学的角度，可以得出下面一幅职业生涯周期路线图。

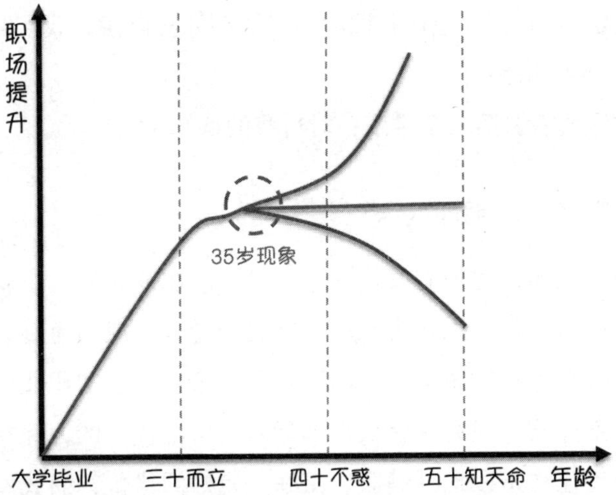

大学毕业，风华正茂，年轻的我们起点低，所以相对来说比较容易在职场中画出一条漂亮的上升线，这个时期的我们往往春风得意、成就感爆棚，感觉每天都在接触新事物、学习新知识。

职场打拼 10 年之后，到了 35 岁上下，这个时期很多朋友将会步入职场瓶颈期，越往上走竞争越激烈，而中高端的职场需求也越来越少。是否能够打破 35 岁的职场瓶颈，除去不可控的运气成分，我们能够依靠的是，前 10 年我们在职场中是否做了有效积累。这个时期的特点是在迷茫中挣扎，转折往往有三个方向：

（1）成功打破瓶颈，职场进入新的阶段，基于过去 10 年的经验和能力，职业生涯也步入全新的上升快车道。

（2）虽然没有成功打破瓶颈，但是心态上已经能够坦然接受现状，未来职场重心转向追求稳定和随遇而安，所以接下来在职业生涯周期路线图中出现了一条水平线。

（3）无论从心态上还是能力上都无法打破瓶颈，自信心土崩瓦解，病急乱投医，结果一步错、步步错，职业生涯走向下坡路。

了解了大多数人的职业生涯周期路线图，我们能领悟到什么？

职业生涯就像一盘棋，我们需要尽早布局，才有可能实现我们的职场目标，如果当一天和尚撞一天钟，终有一天将无钟可撞。有句老话叫作“格局决定结局”，要想让我们的结局能够如愿以偿，我们需要建立职业生涯头 10 年的格局。

这个时候就需要第二个维度：对自我的认知。

第二个维度：对自我的认知

对自我的认知，就是需要找到适合自己的职业目标，也就是自己想成为什么样的人。很多人认为职场目标就是赚钱，成为有钱人，但是并非所有人都抱有这样的想法，并非所有人都希望自己的职业生涯曲线永远上扬、从不停歇。因为收获从来都是需要付出代价的，保持职业生涯曲线永远上扬往往是以牺牲健康、家庭、爱好为代价，而我发现周围有越来越多的人，开始追寻内心的平静和富足，崇尚“采菊东篱下，悠然见南山”的生活。所以对自我的认知就是，我们需要想清楚，自己到底想过一个什么样的人生。此时问自己一个问题：自己到底想在职场上成为一个有钱人，有权人，自由人，还是其他人？

我在“在行”上开设的时间管理话题“约见”，见面初始我都会让对面的朋友填写这样一张纸：

你的终极人生目标

温馨提醒：只有 1 个，也就是你人生所有的目标、时间、努力都是为了达成这个目标

____

你的人生目标清单

温馨提醒：不限制数量、不限制类型，什么都不限制，让你的笔跟着你的心漫游

____

这张纸展现的就是我们在直面问题之前向内求的过程。在学习时间管理之前，首先需要向内审视自己管理实践的目标是什么。所谓大道至

简、殊途同归，你首先要向内找回自己的职场目标。如果我没有坐在你的面前，引导你、帮助你一步一步向内求的话，你如何才能找回自己的职场目标呢？如何才能确保这个目标是自己真正想要的呢？你可以尝试按照下面提供的三个步骤来完成向内求的过程。

第 1 步：选择一个最容易唤醒内心的环境

这个环境需要具备如下 6 个要素。

一个人：我们可以事先和信赖的老师、朋友充分交流，听听他们的想法和建议，但是一旦真正要思考和决定自己的职场目标时，只需要自己一个人在场，因为这完全是自己的事情，我们需要对自己的职业生涯负责，对自己的生命负责，这一刻，命运只能在自己手中！

舒适感：每个人对舒适的定义不同，有些人需要特别安静的环境，不能有一丁点的声音；有些人却需要在舒缓的钢琴曲背景下才能进入平静状态，总之怎么舒服怎么来，只要能够让我们聚精会神到忘我的状态即可。一般来讲，安静的咖啡厅会比封闭的小黑屋更加能够帮我们找回内心的目标。

无时限：时间管理方法告诉我们，处理某项任务的时候一定要设定一个时限，通过时限让自己更加有效率，但是唯独目标思考这件事不要给自己设置时限，特别是当我们的自制力还不够强大的时候，时限会让我们难以专注，我们可能会分心去想还剩多长时间，剩下的时间是否够用，这样反而影响注意力，无限时长更容易让自己放松和投入。

无噪声：噪声绝对是影响我们思考的杀手之一，所以要确保环境没有杂音、没有噪声、没有说话声等。

无打扰：手机也是我们需要回避的干扰物之一，特别是在现在这个人手一机、机不离手的时代。最好把手机关机而不是调成震动模式，因为震动仍然会打扰到我们，我相信相比职场目标而言，关机几个小时的代价还是可以接受的，对于一些自制力不够强的朋友，关机后最好把手机放在自己看不到的地方，眼不见心不烦。

有工具：提前准备好工具，如果用电脑的话，保证有充足的电量，准备好思维导图工具等，关闭上网功能。如果用纸质笔记本的话，需要准备好笔、足够的白纸等工具。这也是一种仪式感，仪式感能够让我们在潜意识中重视这次思考并取得你想要的效果。

第 2 步：使用先加法再减法的思维模式去思考

先做加法再做减法，或者说先做发散思考再做收敛思考更加符合人类的认知规律。我们认识世界上的万事万物，很难做到第一次就非常精准、非常深入，特别是对一些需要用到创新思维的事物，更是一个认识逐渐深入的过程。

做加法的意思是，我们需要不断攫取在自己大脑中闪现的目标，立即把它记下来，不管这个目标是否现实、是否荒谬、是否准确，只管记下来，记到我们再也没有新的想法为止；做减法的意思是，我们需要对记录的众多目标项去伪存真和合并同类项。

当我们还是孩童的时候，我们的想法最纯净，喜好也不会掺杂太多外界的因素，喜欢就是喜欢，不喜欢就是不喜欢。随着我们的成长，我们的思想越来越社会化，我们越来越活不出真我，考虑目标的时候往往牵绊太多。去伪存真就是去掉那些因为盲从做给别人看的目标，去掉那些可有可无的目标，去掉那些不是发自内心的目标，剩下的就是自己真正目标的集合。所以此时问自己三个问题：这个目标是为了做给别人看，活成别人眼中的自己吗？这个目标没有的话真的不可以吗？这个目标真的是自己内心想要的吗？

正如前面所述，在头脑风暴中，通过做加法得到的目标集合，有一些是实现某个终极目标的分目标；有一些仅仅是表达方式不同，本质上是同一个目标；有一些仅仅是实现目标的手段而非目标本身。而合并同类项是指对表象不同但是本质相同的目标进行合并归类，把看起来是目标但本质是手段的假目标合并到其应该归属的目标里去。

通过这样一加一减，此时我们就得到了一张目标清单。我们需要将这张目标清单按照重要程度进行优先级的排序，以便当我们时间有限时，可以毫不犹豫地将时间安排向高优先级的目标倾斜。最后我们把这张目标清单打印出来，张贴在属于我们自己的独立空间，你也可以像我那样，保存在印象笔记这款软件中，并且设为快捷方式。无论采用什么方式，目的都是让自己抬头可见，时刻不忘自己的目标，避免执行和目标的偏离。

第 3 步：定期复盘和迭代你的职场目标

这种向内求的目标思考法只来一次还不够。因为即使我们绞尽脑汁，并且严格按照步骤去做，也仅仅是“温故而知新”式的微“改进”，深度思考后做的加法和减法，都是基于我们过去的经验、记忆和认知，但学海浩瀚，我们所知道的一切仅仅是沧海一粟，再加上我们每一个人都是不断成长的，在这个过程中，我们的想法、追求甚至人生观都有可能发生质的变化。所以不断从外界汲取营养，提升自我定位、刷新自己的认知、定期复盘和迭代自己的职场目标至关重要。

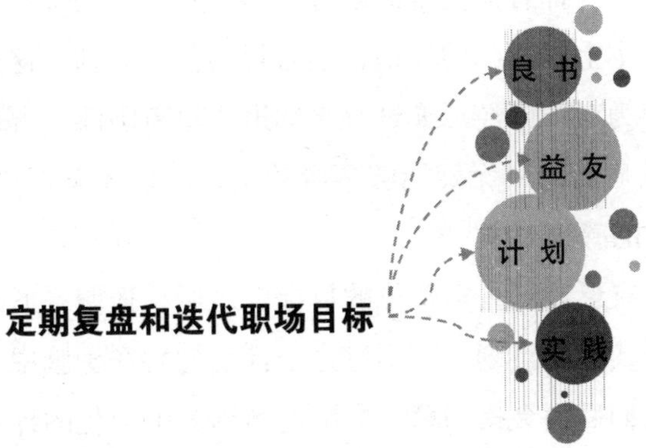

如何更加有效地提升自己对职场目标的认知，并反哺于职场目标的迭代升级，结合实践经验，我有四个建议。

（1）多精读好书，而不是片面追求读书的数量。我一直相信书籍是人类最伟大的发明，人类文明的传承、人类知识的繁荣离不开书籍，直至今天，虽然有了电子书等高科技产物，但其仅仅是书籍展现形式的进化，本质并未发生改变。读书有音频、视频学习方式所不具备的天然优势，读书更容易让我们进入忘我的世界，在这个世界里只有我们自己和作者的思想，自己的思想有多深，想象就有多远，这个优势是音频、视频等多媒体形式所不具备的。只有精品好书才能做到这一点。对于精品好书，我建议大家多花时间去精读，去体会作者的思想，联系自己的生活，尝试找到其中的共同点和差异点。很多朋友告诉我，自己读书多么厉害，可以在飞机上读完一本大部头的书，但在我看来，片面追求读书速度反而忽略了读书的根本目的，读书贵在精而不在多。

在今天这个刷榜和快消的时代，如何识别好书呢？我们可以去听值得信赖的朋友的推荐、去看价值观相合的朋友对书的评论，也可以通过先快速浏览目录、序言了解书的框架，快速阅读样章了解作者的风格来判断这本书是否适合自己。

（2）向他人学习，每个人都是自己的良师益友。正因为每个人的经历不同，才有了百家争鸣、百花齐放的思想盛宴。对他人保持一定的敬畏之心，无论对方是上级还是下级、前辈还是晚辈，也无论对方是贫穷还是富裕，每个人都有他独特的地方，多了解对方的优势和思想，从对方身上学习书本上学不到的知识，学习经验甚至教训。这其实是一种成功的捷径，因为对方已经帮你试水，知道哪里有险滩、哪里是平流，我们站在他人的肩膀上，无疑能够事半功倍，所以才有了"听君一席话，胜读十年书"的感叹。

（3）基于有形计划去实现你的目标。之所以强调有形，是因为有朋友告诉我他其实也有计划，只不过这个计划勾勒在头脑中，而不是落实到书面上。我们后面会提到第二大脑的概念，书面化的计划就是我们的第二大脑，我们的大脑擅长的并不是对计划的记忆，所以通过头脑去记忆那么多的事项和彼此间的依赖关系，以及时间期限是一件不那么靠谱的事。计划除字面意义上的"设计规划"的含义外，更是一个强迫我们对自己的知识体系进行不断梳理的过程，每一次计划的更新，都能促使我们对全局进行一次复盘，做计划本身花费的时间其实很少，我们认为做计划非常费时其实是一种误区。

（4）一定要实践，一定要迈出去！只有迈出去了，我们才知道自己的目标和现实的差距，才能在复盘中不断修正自己实现目标的方法，甚至是目标本身。而这个"迈"不仅指自己的脚要迈出去，头脑更要"迈"出去，在实践的过程中不断思考、不断总结、不断更正！

第三个维度：对环境的认知

设定我们的职场目标，除了向内求之外，也需要将目标放在环境中去考虑，也就是向外求、向环境求，找到一个向上的环境。这里所说的环境有三个层次。

（一）第一个层次：行业环境

行业环境是最底层的环境或者说最基础的环境。行业造就职业，职业造就职场。行业也有生命周期，有其鼎盛的时期，也必然有其消亡的一天，如果放大到整个人类社会的历史长河中去研究行业生命图谱，我们会发现行业的变迁呈现越来越明显的加速态势。假如今天我们用“三十年河东，三十年河西”来形容行业的变迁，那么聚焦到我们每个人职业生涯的关键三十年，很有可能全部落到一个行业的低谷期。如果我们一不小心在行业中踏空，纵然才高八斗，职业生涯也可能会饮恨而终，毕竟单凭一己之力很难和大势对抗，这就是曾国藩常说的“心存敬畏之心，方能行有所止”。我们需要对行业有敬畏之心，同时寻找和选取一个长期处于上升趋势的行业，这无疑能让我们职场目标的实现事半功倍。

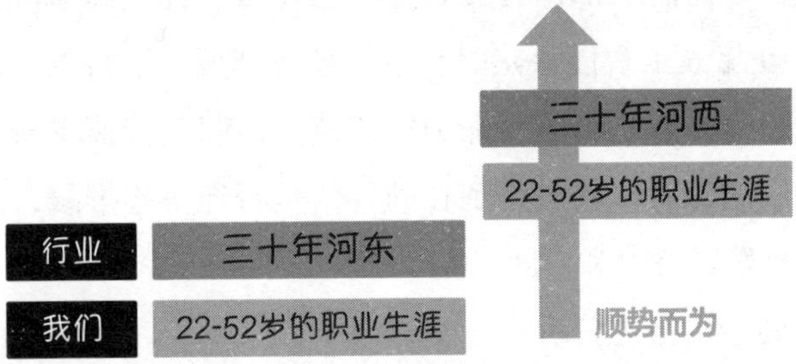

如何才能够选准行业、找准上升期呢？以下同样有四个建议。

1. 关注《新闻联播》、研究国家重要会议精神等

正视《新闻联播》等国家媒体节目的价值。有些朋友可能感觉《新闻联播》、党代会、全国两会离我们太遥远，和我们普通老百姓没有什么关系，但是有人却能从官媒和重要文件中嗅到未来国家重点布局的行业，于是抢占先机，最终赚得盆满钵满。要知道这些代表国家发声的媒

体，这些中国最高层的决策会议，对外发布的每一个字都经过了深思熟虑，最能反映国家未来发展的方向。所以平时养成对官媒的关注和对国家重大事件的敏感度，能够让我们对行业发展动态的捕捉先人一步。

2. 关注新闻热点、避免与时代脱节

媒体的重要价值在于它是未来发展的风向标，透过媒体我们可以很容易地了解目前政治、经济、文化的走向，了解目前行业的动向。主流媒体的言论对我们的行业认知会有很大的参考价值。如果我们想要跟上时代的步伐，关注媒体的新闻热点是一个非常好的途径，透过新闻热点去分析行业走向，进而定位职场目标。比如最近几年，各大媒体的关键词里，区块链、互联网金融、人工智能、知识经济、云计算、大数据赫然在目，那么对于这些行业我们是不是可以深入了解一下呢？

3. 要有自己独立的价值趋势判断

当然，也有一些媒体为追逐发行量、阅读量，写一些有失客观的报道和文章，这一点在新媒体领域尤为常见。所以我们在关注媒体新闻热点的同时，一定要辅以自己的理性判断，从价值角度和发展趋势角度去分析。遥想当年 O2O（Online to Offline，线上到线下）行业火热时，人们恨不得把所有的需求都包装成 O2O，恨不得一夜之间清洗掉所有的传统门店。2019 年人工智能火热时，各行各业都披上了智慧云的外衣粉墨登场。判断一个行业是否有生命力，依然要回归其价值本身，这个价值包含两个层面的含义，其一是现在的价值是否经得起推敲，其二是未来的价值是否有发展潜力和空间。

4. 行业转型可行性分析

就算我们现在处于一个所谓的“夕阳”行业，也并不意味着当前行业没有任何机会或者说自己需要立即转换行业。当前行业发展前景受限不代表永远受限，也不代表没有任何转型的机会。之所以不建议大家匆忙转换行业，是因为我们积累的行业经验是我们在职场上非常大的竞争优势，如果贸然进入一个全新的行业，我们之前积累的行业经验、人脉资源优势可能就荡然无存，自己如何去和新行业中积累多年的同龄人竞争？所以相比仓促转换行业，我更倾向于去探求行业转型的可能性，探求行业交叉的可能性，比如传统汽车行业和新能源行业的交叉、传统媒体行业和新媒体的交叉、传统制造业和信息技术产业的结合等，这样做的最大好处是，我们能够借助多年来的行业积累，在新的交叉行业或者转型行业里继续实现职场的自我增值。

（二）第二个层次：职业环境

提到职业，我们很可能想到“三百六十行，行行出状元”这句流传千古的谚语，这句谚语里的“行业”更多的指我们提到的职业。但是这句谚语说得对吗?

正如谚语所说的那样，每一个职业，如果你用心去做，都有可能做到第一名，但是这句谚语没有告诉你三条更重要的信息，而这三条信息决定了你的努力是否能够收获你所期望的回报。

（1）不同职业出状元的概率不同。每年报考艺校的考生那么多，每年“横漂”的群众演员那么多，但是真正功成名就的明星能有几个?

（2）不同职业出状元的难度不同。做保洁职业和做管理职业，哪个出人头地的难度更大？答案不言而喻。

（3）不同职业出状元的收益不同。制造业流水线上的工人和金融业的咨询师，哪个成状元后的收益大？答案同样不言而喻。

以上举例绝对没有职业歧视的意思，恰恰相反，我非常尊敬在每一个职业岗位上兢兢业业付出的人，正因为有了三百六十行，我们的生活才越来越便利和幸福，可是不管我们承认与否，这个世界的现实就是，职业的选择对我们职场目标的达成有非常大的影响，这些影响体现在概率、难度和收益等方面。而我们不一定能选择大概率、低难度、高收益的职业，一方面这样的职业并不一定存在，另一方面每个人的职场目标有其个性化的诉求，我们要结合自己的职场目标去选择。

关于职业，我们还需要意识到，每个职业都有其发展路线图及其发展趋势，比如，通常情况下产品管理岗位的职业发展路线图如下。

产品助理→产品经理→产品总监→产品负责人

这个路线图不仅仅代表职位名称的变化，职位名称背后的能力需求

同样需要相应变化和进阶，对产品助理的能力、职责的要求和产品总监相比，一定相差甚远。即使我们在若干年后依然想把自己定位在初级岗位，职业发展趋势也不会允许我们这么做，不同的年龄层有不同的职业要求，没有人能一劳永逸，一个岗位干到底。职业发展趋势就如逆水行舟，不进则退，如果自己不能跟上职业发展趋势，终将被年轻的后浪“拍死”在沙滩上。只有让自己的竞争力匹配自己的年龄段，我们才不会出现“人到中年，职场半坡”的窘境。

（三）第三个层次：公司环境

公司环境是我们接触最多的环境，也是短期内影响我们的最大的环境。

首先我想说的是，没有一家公司可以长盛不衰！

每一个公司都有其生命周期，都会经历启动、初创、发展、鼎盛、衰落、消亡的过程，在这个过程中，有些公司的生命周期画出了一条抛物线，有些公司画出了一条波浪线，但是没有任何一个公司的生命周期是一条直线。

公司的生命周期理论能够对我们职业目标的选择提供什么帮助呢？

当年我还在腾讯的时候，部门总监是一位年轻有为的小伙，他大学一毕业就进了腾讯，从技术工程师做起，一步一步走到了总监的位置，现在所拥有的股票早已让他实现了财富自由。自媒体红人鬼脚七，当年也是很早选择了阿里公司，享受了公司的发展红利和上市红利，离职后才有钱、有闲地静心做自己喜欢的事。这两个小例子说明，如果你能选对一个处于持续上升趋势的公司，那么公司环境就足以让你站在抛物线之巅。可见选择一家有发展潜力的公司是多么重要！

其次我想说的是，没有一家公司可以保证你永远衣食无忧，因为公司不是家！

这么多年我见过太多公司在大跃进、大扩张时对员工情同手足，在大萧条、大裁员时却横眉冷对的真实案例。公司不是家，当我们不能为公司赚钱的时候，公司可以毫不留情地把我们一脚踢开，中兴跳楼工程师一家三口在上海东方明珠前的合影到现在还在刺痛着我的心。

所以不要将你的职业目标和你当下的公司绑定！诸如我希望在这家

公司做到某一岗位、我希望在这家公司工作到退休、我希望在这家公司赚够买房钱之类的职业目标就是和公司绑定的实例。

既然职业目标不能和公司绑定，那么和什么绑定呢？

和能力绑定！只有能力才能够让你以不变应万变，所以要让自己成为一个拥有 T 型能力的人！

职场的T型能力修炼

延伸阅读
手机扫一扫

T型人才

- 什么是T型人才
- 为什么需要T型人才
- T型人才的修炼之道

扫一扫

T 型能力的建设和提升需要放到时间轨道上来分析。

初入职场时，在职场上生存下去是当务之急，这个时候我们更需要往专业方向上发展，走专业化发展路线，也就是修炼“T”的那一竖，这是最容易让自己脱颖而出的路子。如果我们的专业是技术，那么就全力以赴钻研技术；如果我们的专业是产品，那么就潜心研究如何进行产品设计；如果我们的专业是销售，那么就挖空心思琢磨如何打单。另外从公司的角度分析，走专业化路线也是公司希望从职场新人身上看到的成长。

当我们已经在专业领域摸爬滚打许多年，且颇有建树时，需要思考的更多的是能力的横向发展，这个时候我们需要修炼“T”的那一横，网状世界的现状、跨界竞争的存在和高级职位的要求三个方面决定了横向修炼的必要性。

首先，我们身处在网状结构的世界中，而且这个网状结构也越来越趋于复杂，比如知识是网状的，越来越多的学科知识在交叉成网；关系也是网状的，物和物之间、人和物之间、人和人之间的交叉融合无处不在，六度人脉理论[1]就是人和人之间网状关系的反映。在网状世界中，如果我们只依靠线性思维和单点思维，那么自己的思路只会越来越狭隘、职场路也就越走越窄。网状世界的现状告诉我们一个道理，我们看待任何一件事情或者问题时，都不能单纯就事论事，而是需要把周围环境中所有可能关联的一切纳入自己的考虑范畴，进而洞察事物的本质或者问题的根源。

其次，这个时代的跨界竞争愈演愈烈，很可能在我们死盯着本行业竞争对手时，却死在了跨界而来的对手面前。史玉柱 1994 年投资“脑黄金”，2008 年正式开辟继保健品、银行投资、网游之后的保健酒市场，这个是商业领域的跨界。其实职场上的竞争也越来越呈现明显的跨界趋势，我从教育业到传统 IT（信息技术）业，到互联网业，再到金融业的一路渐进发展，其实已经印证了职场竞争的跨界趋势。我们周围从技术岗到销售岗的跨界、从行政岗到产品岗的跨界，甚至从项目经理到中医的跨界都大有人在，职场竞争立体化、交叉化已经无处不在。

最后，我们从不同职位层级所要求的能力来看，基层岗位能力要求中 80% 为专业能力，也就是“T”中的一竖，职位层级越往上走，需要一横也就是横向跨界能力的比重也就越大。基层职位更需要关注的是具体问题的解决，中高层需要的是综合思考和协调资源的能力，如果我们没有横向的扩展能力，就很难去进行横向思考。

T 型能力中的一横和一竖其实是一个统一体，无法割裂看待，如果把 T 型能力比喻为一棵职场树，那么一竖就是根和主干，一横就是枝叶，枝繁叶茂得益于根的养料供给，映射到职场中，当我们成为一个专业领域纵向的专家后，自己的影响力、见识、人脉、学习力都足以让我们在很短的时间内在其他领域取得成就，而我们也由于有一技傍身，横向拓展没有后顾之忧，更容易放手一搏，获得成功；根和主干的发达也得益于枝叶对阳光的采集，映射到职场中，当我们接触的领域越多，思维广度也会越大，在深入看待专业问题时，更容易触类旁通，并取得不一样的成就。

---

① 六度人脉理论：地球上所有人都可以通过六层以内的关系链和任何其他人建立联系。

拿我举例，在我经历了多个行业、多个职位后，回头再看我相对精通的项目管理时，我豁然领悟到，项目化思维其实可以完美地应用在职场和生活的方方面面，所以才有了后来的项目化思维公开课产品。

回到T型能力本身，一竖的专业能力好理解，如何理解一横的横向能力呢？如果想透彻分析这个问题，需要引入职场能力的冰山模型，如下图所示。

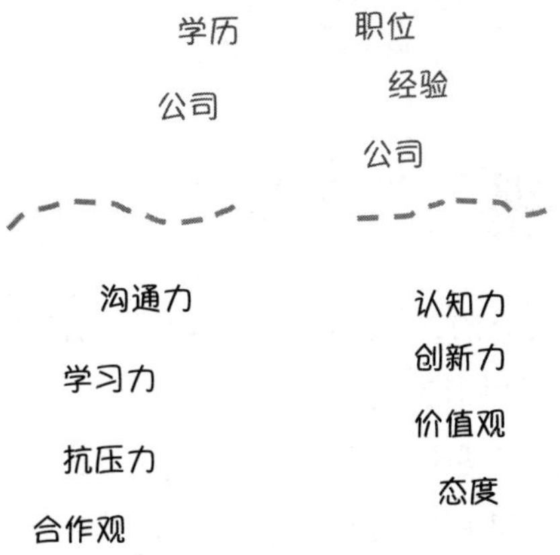

很多人听到、看到、感受到的仅仅是“水面”上的能力，诸如学历、职位、公司、经验之类，但是很多人却不知道决定职业目标达成与否的恰恰是“水面”下的能力，诸如认知力、学习力、抗压力、创新力等，而这些“水面”下的能力即T型能力中的一横。

资深HR（人力资源）在面试的时候，往往会在看似舒适的氛围中“润物细无声”地探寻你“水面”下的能力特质，因为这些才是决定你未来高度和发展空间的关键能力，“水面”上面仅仅代表你的过去，公司更加关心的是你未来的表现。

解读完毕T型能力之后，选择创业公司还是选择巨头公司之类的问题就很好回答了。

当我们处于职业生涯初期，比如应届毕业生，那么如果有可能，最好进入一个大公司，即相对成熟的公司工作，因为大公司会有更多的资源和更大的平台来支撑我们专业能力的成长，并且大公司的一个隐形福利是：有助于我们养成专业的职业素质。

当我们处于职业生涯中期，比如工作了5至10年，那么如果有可能，可以选择成长型的公司去发展。不同于大公司的螺丝钉，成长型的公司能够给我们更多施展才能的机会，让我们过去的积累实现质的飞跃。

当我们处于职业生涯成熟期，相信这个时候我们已经具备了独立思考和判断的能力，已经不再需要他人的建议，不过如果有可能，可以从自我实现的角度去选择能够帮自己实现职场终极目标的公司。

构建专属能力雷达图

罗马不是一天建成的，能力的构建和提升同样无法一蹴而就，不过我们可以通过能力雷达图持续精进。

第一步，思考我们期望达到的目标需要怎样的能力。

第二步，审视自己相应的能力水平级别，为自己打个客观的分数，比如分数从1到3，1最低，3最高，自己能得几分。

第三步，设定自己能力水平的目标值。

这样得到的能力雷达图就是我们到下一个里程碑时需要达到的水平。

延伸阅读
手机扫一扫
雷达图
- 什么是雷达图
- 雷达图的跨界应用
- 雷达图的设计工具
扫一扫

假如我们是技术工程师出身的部门经理，那么我们希望提升的能力分别有业务能力、技术能力、人员管理能力、沟通能力和战略管理能力。从下面的能力雷达图中就可以看出，到达下一个里程碑前，我们需要利用大部分的时间提升自己的人员管理能力，顺带提升自己的沟通能力、战略管理能力和业务能力，而基于自己技术出身的背景，技术层面暂时无须投入时间。

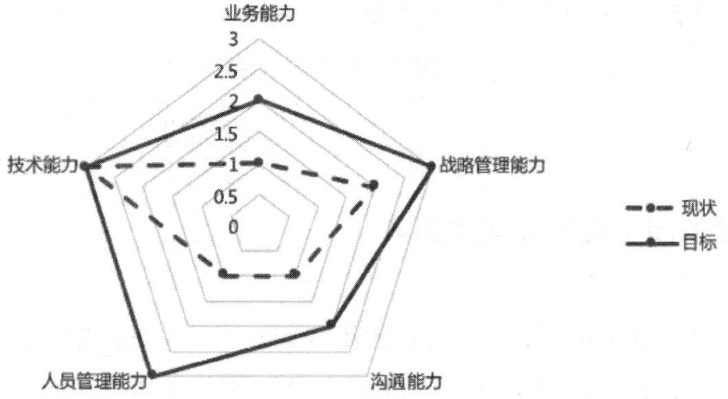

环境在变，思想在变，能力在变，能力雷达图也同样需要变化和持续迭代。

延续上面的举例，过了一段时间，当我们到达设定的里程碑时，能力雷达图显示已经达到既定的目标，此时需要结合环境、思想、能力的变化，设定能力雷达图的下一个迭代目标，比如我们决定，下一个目标是继续在人员管理能力和沟通能力上发力。

可是计划赶不上变化，例如，当我们完成能力迭代雷达图的第二周，上级领导找到我们，鉴于我们的优异表现，希望我们能够在新的一年承接海外业务，而海外业务对自己的业务能力和英语能力提出了更高的要求，特别是英语的口语表达能力，这个时候我们需要立即更新和设定能力雷达图，在其中增加新的能力目标：英语口语能力。

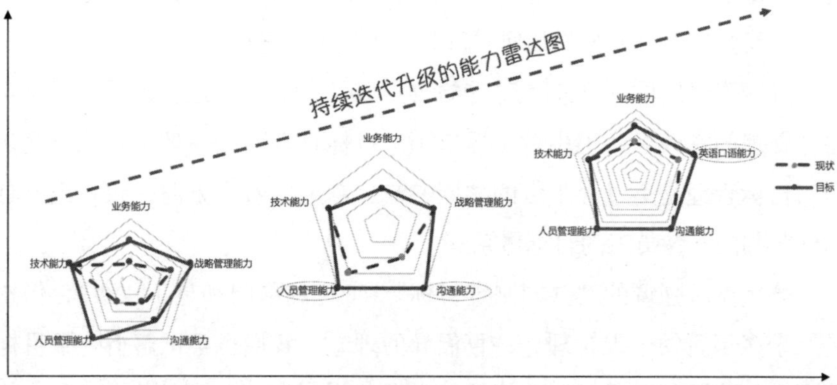

只有保持自己的能力雷达图实时更新，让能力雷达图永远成为我们能力提升的指路灯，我们的职场之路才会走得更加自信！

大师的团队级目标管理思考

我们前面从个人职场目标的角度剖析了目标如何精进，但是提到目标管理，实际上，团队的目标管理才是最难且最有必要的。

今天晚上团队建设活动上吃什么？当我们把这句话抛给团队全体成员时，不知不觉中已经患上了“选择困难症”。

- 吃火锅吧，这个天气吃火锅最舒服啦
- 吃什么火锅呢，吃完火锅一身的气味，楼下新开了一个湘菜馆，听说不错
- 湘菜太辣了，我吃不习惯，要不咱们去吃东北菜，量大味美还实惠
- 好不容易团建一次，吃点高大上的，要不去吃牛排吧
- 吃牛排不如去吃日本料理，我最喜欢吃三文鱼刺身
- 我不吃生的
- ……

一顿聚餐都会出现众口难调的问题，群体中由于个性化差异，群体目标相比个人目标更难确定和管理，那么如何进行团队的目标管理呢？

让我们先看看大师是如何看待和解决这个问题的。

目标管理最早可以追溯到 1954 年，伟大的管理学之父彼得 · 德鲁克在《管理的实践》一书中首次提出了“目标管理”这一理论。德鲁克认为，目标管理是通过上下级的共同参与，制定出宏观方向一致，细节具体到各部门、各员工的目标体系。

德鲁克所强调的“共同制定目标”“细化到部门和员工层级”，仍然是六十多年后的今天管理界一直倡导的理念。我们也尝试解析一下目标管理中“共同制定目标”的好处：强调共同制定、上下级共同参与，体

现了对员工的尊重，而只有员工感受到被尊重，才能充分调动其主观能动性，进而满足马斯洛需求层次学说中的最高需求，也就是自我价值感和成就感的实现。

德鲁克的这个思想对吗？陆游有句名言："纸上得来终觉浅，绝知此事要躬行。"实践是检验真理的唯一标准，所以德鲁克大师说得到底对不对，需要靠实践来检验。

我相信很多朋友会不假思索地回答：很对！毕竟大师的光环在此，焉有不对之理？我们很多人在接触新思想时，很容易停留在浅层思考的维度，受到作者的影响，人云亦云，所以才会出现"看了那么多书、学了那么多知识，却仍然过不好这一生"的现象。究其原因，我们仅仅是知道而已，而不是掌握，掌握需要的是自己深度的思考和独立的判断。

再回到德鲁克的名句，再问一遍：这个思想对吗？

的确有很多朋友把德鲁克的思想应用到工作实践中去，有些朋友实践之后感觉有点用，但是大多数人实践过后感觉并没有什么用，这个时候便开始怀疑这个世界公认的管理学大师是不是有水分。

我曾经和实验失败的朋友进行深入的沟通，不仅如此，我还到现场和他们一起工作，去尝试挖掘他们感觉没用的根本原因。正所谓管理方法没有对错之分，只有适合与否之分，"共同制定目标"这个理念在实践中因为下面这些原因付出了惨痛的代价。

原因一：参与人员过多，沟通成本、协调成本呈现几何级数增加，进而导致目标的制定成了一个耗费大量时间和成本才能完成的工作，直接降低了目标制定效率，这个效果在瞬息万变的市场中完全是劣势，市场需要我们快速决断、快速明确目标和执行目标。

原因二：抽调人员参与目标制定势必影响他们的本职工作，本职工作的疏漏有可能会给公司带来不好的影响。

原因三：目标制定复杂而曲折，大量人力和物力的投入导致后续修正目标阻力重重，毕竟已经得到全员认可，而且花费了高昂的成本，一旦需要调整，可能需要再来一次前面的工作，从而使参与者投鼠忌器，丧失了目标的灵活机动性。

原因四：为了让目标清晰可衡量，组织会倾向于对目标进行量化评定，但是并不是所有的目标都可以量化评定，为了量化而量化会导致组织忽略难以量化的目标，进而影响实践的进展。

德鲁克没有错，只是，知易行难。很多时候我们以为自己懂了，其实仅仅是知道了而已，况且知道的也只是片段。信息在这个时候并没有转化为知识，甚至这个信息本身也是残缺不全的。还记得《射雕英雄传》里面黄蓉把《九阴真经》颠倒次序、胡乱一通讲给欧阳锋的情节吗？虽然内容都是真的，但是顺序混乱、内容残缺不全的后果就是把欧阳锋练疯了。

我记得有次去看病，当我推门进去时，老中医正在教导学生："你看刚才走的病人，虽然症状看起来跟前面的人是一样的，但是因为他血脉不通，所以不能用同样的中药，否则反而会加重他的病情。"目标管理和中医一样，需要因地制宜、对症下药。

德鲁克告诉我们目标管理需要"上下级的共同参与"，但是共同参与不是一哄而上，参与之前上级需要有清晰的规划，参与是围绕规划展开，而不是漫无目的；参与形式也不局限在全员开会，邮件方式、一对一方式、小范围会议方式等都是我们可以采取的方式。

德鲁克告诉我们目标管理需要"细节具体到各部门、各员工"，但是细化不代表全部量化，目标的可衡量不代表只通过量化衡量，特别是一些脑洞大开、极具创新力的工作，需要的不是量化衡量，而是效果衡量。

而这一切，依赖的是我们对目标的洞察力和综合力。

每年年底，无论公司还是个人，都在忙一件工作：年度总结。在总结今年工作的基础上制定新一年的目标。辛辛苦苦、绞尽脑汁地制定完目标后，一年又很快过去了，再次总结时，发现今年和上一年比没什么明显区别。出现这样的情况，常见的原因是当初的目标并没有定好，甚至目标在制定出来的时候已经注定是无法完成的。前事不忘，后事之师，想要让团队目标更加精进，想要更好地管理团队目标，我们首先需要用大数据总结和分析过去目标管理失败的原因，从原因中找到意识层面的误区，并在后续的目标管理实践中避免再次踏进同样的误区。

团队目标管理的五大误区

（一）朝令夕改

朝令夕改是团队目标管理的大忌，但是很不幸，很多组织往往溃败于此！

现在很多大型商场里都有小型的投篮机，我玩的时候发现，第一关篮球筐是静止状态，我很容易投中并顺利通过，在第二关篮球筐开始左右移动时，我的投篮命中率直线下降。团队的目标应该是第一关静止不动的篮球筐，我们和搭档彼此配合、瞄准目标后投出关键的一球，但是如果团队目标变成了移动的篮球筐，甚至像打地鼠游戏中神出鬼没的地鼠，我们和搭档再怎么努力也可能无法实现高命中率。

团队目标一旦确定，尽量不要朝令夕改，除非有特殊情况。目标的实现方式和手段可以灵活改变，如之前提到的绩效管理 OKR（目标与关键成果法），O（目标）相对恒定，KR（关键成果）可以在必要时调整，只要能够更好地服务于团队目标。

团队目标容易变化，大体上有三个原因。

第一是我们其实没有想好团队目标，仅仅是把头脑中灵光一闪的想法当成了目标，而这样的目标自然经不起实践的检验。

第二是团队目标跨越的时间过长。把目标达成的时限缩短一些，比如不要定三年的目标，而是定一年甚至一个季度的目标，我们会发现团队目标会稳定很多。

第三是错把目标实现的手段当成了目标本身，这个前面已经详述。

（二）目标模糊

目标一定要清晰具体，而不是模糊不清，这个误区对应的是目标

SMART 原则[1]中的“S”。

延伸阅读
手机扫一扫
SMART原则
- 什么是SMART原则
- SMART原则的分类详解
- SMART原则的应用实践
扫一扫

我们一起看看下面的这个团队目标。

> 通过募集资金投资项目的实施，进一步增强自主创新能力，建立科学、规范的研发体系，在2~3年对竞争对手实现关键技术性能上的超越，专利布局上遏制其技术优势，并通过高集成度、高性能和高可靠性系列产品的批量生产，将团队现有的技术优势转化为经营绩效，取得与公司行业技术地位相称的市场份额。

这个团队目标清晰吗？团队目标是否清晰的判断方式非常简单，用背对背的方式分别向团队成员提问，让团队成员回答如何判断和检验团队目标是否能实现，如果所有的团队成员答案一致，那么说明目标清晰、具体，否则我们需要进一步优化团队目标。我们看上面这个团队目标，其中“进一步增强”“关键技术性能上的超越”“技术优势转化为经营绩效”“取得与公司行业技术地位相称的市场份额”诸如此类的描述，我们很难有一个统一、明确且无歧义的判断标准，所以这个团队目标是模糊不清的。

再看下面一段对话。

---

① SMART 原则：1954 年彼得·德鲁克于《管理的实践》一书中提出，是在工作目标设定中被普遍使用的法则。其中，S=Specific，M=Measurable，A=Attainable，R=Relevant，T=Time-bound。

甲：你的目标是什么？

乙：我想成为有钱人。

甲：如何定义有钱人？

甲的追问“如何定义有钱人”其实就是一个将目标具体化的过程，对于有些人而言，一百万元足以成为有钱人，但是对另外一些人而言，一千万元也远远不够。而一百万元和一千万元整整相差十倍，可见目标具体、明确有多重要。

再来看看目标管理最常见的一个应用场景，也就是绩效指标的制定。下图是某公司绩效指标的一个实例。

序号	考核项	考核指标	考核标准
1	采购控制	采购计划供货周期	按照采购计划要求完成得 10 分，每拖延 1 天扣 2 分
2	采购控制	采购产品质量	按照采购计划要求产品采购得 10 分，每错 1 项扣 2 分
3	采购控制	采购成本控制	在保证质量的前提下，没有超预算得 10 分，每超预算 1% 扣 2 分

目标模糊的问题，当事人并非不知道，我曾把这个实例放在内训课上，让大家指出其中的问题，绝大多数同学都指出了根本问题所在，比如“采购计划供货周期”目标过于通用，可以说每个月都可以一字不改，的确节省了管理者制定绩效目标的时间，但是如果管理者不了解员工接下来四周的具体工作，一定程度上是管理者的失职。何不用一分钟的时间写上采购计划具体对应的项目名称或者其他具体信息？在写的过程中对管理者自身也是一种思考上的梳理，对被考核的员工体现了尊重，具体的目标才能激发员工。比如考核标准中的“按采购计划要求完成”，采购计划是否已经定稿？按照采购计划哪些条款的要求？采购计划的具体名称是什么？“每延期 1 天扣 2 分”，也就是延期 5 天把分数全部扣完，管理者是否思考过这个标准的适用性？有没有参考过历史数据？

目标模糊不清并不是因为我们不知道正确的做法。那么根本原因在哪里呢？

在于重视程度不够！

的确，我们平时太忙了，每天有各种各样的事情要做、每天有各种问题需要我们去解决，而我们最容易被压缩、被牺牲的时间就是思考的时间，对目标的思考首当其冲。

这是一种短视！

如果目标不清晰，实现目标从何谈起？

我很欣赏“磨刀不误砍柴工”这句话，朴实中透露着一种豁达和远见，我也很欣赏数学中的“两点之间直线最短”这个公理，严谨中透露着成功的哲理。我们首先要知道目标那个点在哪里，才能从当前这个点出发。很多人一直想找成功的捷径，殊不知捷径就是走直线，向目标出发，而目标清晰是走直线的前提。

（三）目标“高高在上”

现在的职场上有一个怪现象，很多团队好大喜功，不切实际地制定团队目标，去年实际营收两千万元，今年目标营收两亿元，乍听起来让人兴奋，但是兴奋感转瞬即逝，剩下的只有麻木、泄气甚至可笑！公司营收目标数量增长无可厚非，毕竟公司生存的价值就是为了追求利润，但是在确定明年的营收目标为两亿元时，是否考虑过其可行性？是否有经得起推敲的实现步骤？是否继续分解、规划具体目标，比如成本、配套人力资源、市场营销目标等？这样高不可攀的目标其实只是老板自嗨的口号，非但无法落实到团队的经营指导层面，而且对团队士气打击很大。

团队可以拍拍脑袋定个增长十倍的目标，但是接下来更重要的事情，是需要不断深入思考达成这个目标的策略、方法和可行性，然后再反过来修正和调整目标。只有这样一来一回的反复校准，目标才能避免“高处不胜寒”的尴尬，目标才能够真正激励团队。

避免目标“高高在上”的另一个措施是不断分解目标，分解到可以落地执行的层面。这个“不断”有两个含义：其一是“时间”的不断，不是分解一次就够了，而是需要在向目标的前进过程中，不断修正和更新；其二是“空间”的不断，我们要一层一层向下、向细去分解，直到分解到位，即能够执行。

（四）目标不全面

我们知道，目标管理 SMART 原则中，M 代表可衡量（Measurable）。很多人对可衡量有一个误区，以为一定要量化，只有量化的目标才是可衡量，再加上公司老板最喜欢的也是定量目标，于是团队不分青红皂白，绞尽脑汁做数字量化，摆出“无量化、不目标”的姿态。

从部门组织结构来看，相对容易定量的是销售部门，不容易定量的是技术部门或者财务、行政等支持部门，但是无论是什么部门，单纯考虑定量或者定性都会有失偏颇。

没有定量的目标，在衡量目标达成度时往往容易受到主观的影响，从而容易在公平、公正的原则上受到质疑。

没有定性的目标，比如销售部门片面追求销售额等定量指标，可能会忽略人员梯队建设、管理水平提升、营销体系建设等方面，也可能提前透支公司的资源，甚至不计后果地完成定量指标，最终导致公司得不偿失。

所以 SMART 原则中的 M 代表的不仅仅是定量，目标的制定需要定量和定性相结合，这样的目标才更加全面，避免偏颇。

（五）制定目标各自为政，难以形成合力

团队目标管理之所以是最难的，一是因为每个人的价值观和人生观各不相同，进而对同一个目标会有不同的看法，也会有不同的行动；二是从人性自私的角度来看，目标的制定往往会倾向于维护自身的利益，而非整体的利益。这种情况下团队的目标其实是发散状，而非合力状。

比如组织中几个部门制定的部门目标分别如下。

财务部：制定全面预算管理机制，要求各部门所有支出和收入按照月份进行预算规划，由财务部每个月进行预算偏差审计。

人力资源部：加强绩效考核机制，要求每个月初各部门制定绩效考核指标，每个月底提交绩效考核情况。

技术部：对现有产品进行技术架构的重构，并通过招聘将团队扩大至目前的 130%。

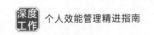

质量部：购买自动化测试工具，并通过内外部培训建立自动化测试体系。

产品部：推出一款大型新产品的设计，补充到现有的产品线中。

销售部：按区域划分销售人员，并将区域销售指标分解到销售人员的绩效指标。

……

单纯从每一个部门的目标来看，这些目标都没有大问题，但是别忘了，所有部门合起来就是一个大团队，市场不管我们的内部怎么分工，怎么制定部门目标，市场检验的是我们的大团队。所以各部门目标制定完毕后，一定要从公司的角度、从业务流角度把各个独立目标串起来分析，检验各个独立目标是否都能指向组织的大目标，是否能够形成完美合力。

团队目标制定六步走

在了解团队目标制定的五个误区后，下面我们一起看看团队目标制定的六个步骤，这六个步骤始于最前端的战略愿景，终于最末端的个人目标，将组织、团队、个人三者通过目标串联起来，形成一个目标实现的协同体。

（一）明确组织的战略方向和愿景诉求

我相信没有一个正常组织的战略愿景是朝令夕改的，战略愿景并非一成不变，但是至少在一个相对长的时间区间内（比如一年）是恒定不变的。所以在思考和制定团队目标之前，一定要清晰地知道组织的战略愿景是什么，对应前面提到的个人目标，就是你到底想成为一个什么样的人。

战略愿景往往听起来很宏大，比如彼得·蒂尔创建 PayPal 的愿景是“改变这个世界的不公，让第三世界国家的人民摆脱腐败政府的控制，自由支配自己的财富”，听起来是不是很高大上，同时是不是又有些虚？

愿景之于目标，就像我们在漆黑的夜晚不小心迷路了，焦急之时喜遇指路人，指路人大手一挥说朝那边走，这个时候我们只知道大致的方向，但是具体走多远、走多久、路上会遇到什么妖魔鬼怪都不清楚，这就需要我们建立目标，通过目标对自己进行清晰的指引。

（二）制定满足 SMART 原则的目标

彼得·德鲁克大师提出的著名目标管理 SMART 原则可以成为我们制定和校验目标的准则，我们可以一起看看下面这个团队目标是否满足 SMART 原则。

团队目标	
序号	目标项
1	当季业务收入中，部门负责项目合同额两千万
2	根据合同约定，无延期回款发生
3	项目进度：当季结束的项目阶段 / 里程碑按基线计划日期完成
4	项目质量：当季结束的项目一次性验收通过
5	项目成本：当季结束的项目无成本超支
6	客户满意度：当季零事故和零投诉

1. SMART 原则之“S”：具体的（Specific）

上面的团队目标满足 S 的要求，团队目标中的六个维度都非常具体，没有歧义。哪些情况下是不满足 S 的场景呢？比如“我要减肥”这个目标就不满足 S，“我要减肥”更像是一个愿景，给未来发展大致指了一个方向，但是这个方向距离现在多远其实我们并不知道。如果把这个目标换成“我要在 2019 年年底减掉 20 斤的体重”，这个目标的描述就满足 S 啦。

2. SMART 原则之“M”：可以衡量的（Measurable）

上面的团队目标满足 M 的要求，即团队目标中的六个维度都可以衡量出来，而且衡量的标准都可以定义。哪些情况下是不满足 M 的场景呢？同样拿“我要减肥”举例，这个目标其实是无法衡量是否达成的，减掉几两我们也可以说减肥了，但是相信这个绝对不是我们想要的目标，“我要在2019年年底减掉20斤的体重”中的“减掉20斤”就是可以衡量的。

3. SMART原则之“A”：可以达到的（Attainable）

上面的团队目标是否满足A其实是未知的，我们需要结合历史数据和接下来的可能性分析去评判。减肥目标中的“减掉20斤”是否可以实现呢？这个要看我们过去的战绩，如果过去种种努力下的最好战绩是减掉5斤，那么此时目标中的20斤可是300%的提升哦，如果接下来不使用一些特别的措施，这个目标大概是无法实现的，所以当我们在校验目标实现的可能性的同时，也是在倒逼我们去思考实现这个目标的手段或者措施，从这个意义上讲，目标的制定和管理不仅仅是目标本身，也会下探到全局深度。只有这样目标才会更加合理。

4. SMART原则之“R”：一定的相关性（Relevant）

上面的团队目标是否满足R其实也是未知的，团队目标是否具有相关性需要和总体目标一起衡量。在减肥目标中，我们可以问自己一个问题：为什么要减肥20斤？我相信总有那么一个总体目标驱使我们定下了这个目标，这个总体目标可能是希望拥有更加健康的身体，那么减肥20斤是否和“拥有更加健康的身体”这个总体目标有关呢？假如我们现在是180斤，那么答案是肯定的，但是如果我们现在只有80斤的话，我相信目标是否相关就需要再次探讨了。

5. SMART原则之“T”：明确的截止期限（Time-bound）

上面的团队目标满足T的要求，团队目标的时间期限就是本季度。目标要求之所以有时间限制，最根本的原因是我们的生命也是有限的，不仅是生命，万事万物都有其生命周期。如果没有时间期限，目标就完全失去了意义。减肥20斤，没有时间期限的话，就真的成了一句口号。等我们有朝一日躺在病榻上，从镜子中看到被病痛折磨的自己日渐消瘦时，虽然20斤甚至更多的体重减下来了，但是此时又有什么意义呢？

（三）校验目标和公司战略愿景的一致性

这一步往往被很多人忽略，当我们制定完团队目标后，往往会迫不及待地投入到目标的执行中，仿佛唯有这样才能彰显自己的执行力，但是这样做恰恰忽略了让团队形成合力的重要环节。

在项目管理理论中，存在两种非常典型的组织架构，一种是职能型组织架构、一种是项目型组织架构。应用到目标管理上，恰恰能够体现这两种组织架构对目标管理的影响。

延伸阅读
手机扫一扫

项目组织架构

- 项目组织架构分类
- 组织架构的优劣势分析
- 基于组织架构的项目管理

扫一扫

作为项目来说，项目的目标很明确，比如需要在有限的时间内交付满足质量、成本要求的产品、服务或者成果。

项目型组织架构中的每一个团队都是为项目目标而生，每一个团队的成立都是为了更好地交付项目，所以项目型组织架构存在的价值和组织架构中每一个人存在的价值都是为了实现这个项目目标，在这种组织架构下更容易体现每个人目标的一致性和相关性。

职能型组织架构是按照专业划分部门，比如一个组织分为技术部、产品部、销售部等，每个部门会按照自己的专业方向去确定目标，而不是基于整个组织的目标去确定，对于这样的组织架构，更需要考虑各个部门目标的相关性，看看是否有冲突、是否能形成合力。部门之间的连接处往往是最脆弱的环节，所以在审视目标和战略愿景一致性的时候，更应该关注不同部门目标之间的接口部分。

（四）持续分析和解决目标实现中的问题和风险

由于目标往往高于现实，所以在目标执行中必然会遇到各种各样的问题，如果能够提前思考和识别目标实现过程中的问题和风险，并且提前规划风险应对方案，无疑将对目标的实现有非常大的帮助。而且这个分析和解决的过程并非一蹴而就，在目标实现的过程中，我们对目标、对目标的实现方法会有越来越清晰的认识和理解，而这些新的认识和理解又可以帮助我们更好地完成目标，所以这是一个相互促进的过程。

问题和风险的识别和应对可以借用思维导图工具展开，展开步骤背后的思维其实就是前面讲过的向内求确定个人目标的思维，这里就不再赘述，总体而言可以分为四步。

（1）使用头脑风暴式的发散思维，尽可能多地识别大大小小的问题和风险。

（2）分析问题和风险的影响大小和发生概率。

（3）对问题和风险进行综合排序。

（4）从列表上的第一个目标开始，思考问题和风险的应对方法，应对方案可能不止一个，你可以有 Plan A、Plan B、Plan C……

以上关于问题和风险应对的概念和实践论，借鉴自项目管理领域的风险管理，关于风险管理的更多内容可以扫描下方延伸阅读部分。

延伸阅读
手机扫一扫

项目风险管理

- 项目风险管理概述
- 项目风险管理的实施步骤
- 项目风险管理的工具

扫一扫

（五）分析和争取依赖资源并获得授权

在职场路上，我们不是一个人在战斗，就算是一个人的目标，我们也可以借助许多资源去完成，而资源的使用和授权往往密不可分。

应对问题和风险时需要资源，这些资源需要具备怎样的资质、什么时候用等都有必要在目标制定的时候明确。

- 老板：销售部没有完成年初制定的销售目标，所以今年没有奖金。
- 销售部：人力资源部没有给我招到我要的人，我怎么能完成呢?
- 人力资源部：我们只有3个人，整天加班还忙不过来，再说推荐的人销售部都说不行，我们也没有办法。
- 老板：……

为什么有些公司的年终总结会结果变成了推诿扯皮会？我们可以一起看看下面这段对话。

任何目标的实现都不是一帆风顺的，都需要一个过程，在制定目标时一定要考虑资源约束和依赖条件。正所谓巧妇难为无米之炊，如果不去谈资源约束和依赖条件，只谈目标，其实没多大的意义。

（六）分解团队目标到个人

仔细研究中国的谚语，会发现有很多有意思的“矛盾”，比如有句话叫“人多力量大”，还有一句话叫“三个和尚没水喝”，看起来好像矛盾，实则不然，“人多力量大”体现的是“总量”上的力量大，但是如果你尝试细分到人均产出的时候，惨象绝对会不忍直视。之所以会出现“三个和尚没水喝”的现象，则是“不患寡而患不均”的体现。

由于信息不对称的客观存在，每个人往往会有种错觉，认为其他人并不像自己这样为了目标全力以赴，为了追求对自己的公平，我们会有意减少对目标的努力。

另一个原因是，多人组成了一个团队，而团队最终只有一个目标，这个时候就出现了多对一的关系，在这种关系下，个人的努力成果如果很难衡量，或者很难将团队的成果和个人的付出挂钩，我们也可能会为了追求对自己的公平，宁愿自己少干点，也不愿意干到吐血，最终却为他人作嫁衣裳。

这是人性使然，管理需要在洞悉人性的基础上去合理设计规则，达到合理利用人性的目的。分解团队目标到个人就是实现人人各司其职、各负其责的手段，让每个上进的团队成员都能够获得相对应的回报，让滥竽充数的南郭先生无处遁形，从而避免“劣币驱逐良币”悲剧的发生。

最后，OKR 对于团队和个人目标无缝对接的做法值得借鉴，解决方法很简单，就是透明。

透明的第一个含义是制定目标时，采用一对一的当面沟通，帮助员工思考个人目标，而不是简单粗暴地分解，这是为数不多的和员工深度交流的机会。

透明的第二个含义是制定目标后，公开所有人的目标。每个人都可以随时随地看到其他人的目标和进展，只有这样，信息不对称才能最大限度地被消除，你才能知道你的目标和别人的目标是否横向对齐，你的目标和领导的目标是否纵向对齐，从而产生巨大的目标协同效应。

透明还有一个隐藏的巨大好处，就是承诺的力量！透明相当于把自己暴露在众目睽睽之下，暴露在阳光下，你还好意思不全力以赴完成自己的目标吗？

PART 2 计划精进

规划专属自己的活法

计划无用论和计划夭折论

“计划”一词，我相信每一个人都不会陌生，而且不管愿不愿意，我们每天都生活在计划之中。可是，我们真的了解朝夕相处的“计划”吗？我们真的知道如何有效制订“计划”吗？我们真的懂得如何有效使用“计划”而不是被“计划”使用吗？

这几十年来，作为计划“小白鼠”中的一员，我一直在尝试使用计划改变自己的人生，尝试思考计划的本质，尝试将计划的束缚改成人生目标的驱动力。在这个过程中我走了很多弯路，踏进过很多误区。在实践过程中，我也在观察周围朋友们的计划状况，无论是学业计划、工作计划，还是“管住嘴、迈开腿”的健康计划，观察到的结果触目惊心：至少 80% 的人属于“超生游击队员”，计划列了一箩筐，但是真正坚持下来的屈指可数。太多的计划在耗费了大量精力之后，承载了太多的期望和梦想之后，没几天就轰然倒塌、无法坚持了，除了给自己留下“做计划没什么用，根本坚持不下去，纯粹浪费时间”的阴影外，毫无用处。

“计划无用论”其实十分流行。的确，在互联网引擎推动这个时代加速前进，世界越来越复杂和不可捉摸的今天，没有人可以预测未来，一步一个脚印才能铸就未来，但这一切并不能证明计划无用。我们之所以认为计划没什么用，最大的原因是不确定性因素太多、变化太快，导致好不容易做出的计划很快不适用。但是没有变化就没有计划，计划就是为变化而生。不确定性只属于未来，并不属于当下，而当下我们依然需要依靠计划来提供必要的方向感，计划是根据当前信息可以做出的对未来最准确的判断，是唯一可以给我们提供行动方向的指南。

除了“计划无用论”的流行观点之外，“计划坚持不下去”“计划很容易夭折”也是很多朋友实践后的普遍结论。虽然认同计划有用，但是在精心做好计划后，经常由于这样那样的原因导致计划执行率越来越低、执行效果越来越差，最终不了了之，这貌似是一个困扰很多朋友的问题。

好多年前有个“21 天养成好习惯”的说法，也就是说，如果我们能够坚持执行计划 21 天，即整整 3 周，我们就能够从潜意识层面养成遵循计划的好习惯，21 天之后，无须自己的坚持、无须意志力驱使，我们就可以非常自然、轻松地遵循计划并完成计划。现实真的是这样吗？

现实还真的不是这样！我相信大家都有“21 天养成好习惯”失灵的体验。“坚持 21 天”背后透露的是急功近利的心态和被迫强制接受的心理。我们每个人都渴望计划立竿见影，毫不费力地养成习惯，改变现状，进而达成自己的目标。“21 天养成好习惯”的说法迎合了这种心理，给了我们莫大的希望，因为坚持 1 年、3 年、5 年不容易，但是坚持 21 天，想想还是可以办到的，只要忍一忍、咬着牙坚持 3 周就可以了，仿佛任何事情只要坚持 21 天，就大功告成、梦想成真。

这的确仅仅是一个“梦”，美梦最终会在第 22 天醒来的时候破灭，我们会沮丧地发现习惯并没有自我养成，如果想要继续按照计划执行，仍然需要咬牙，仍然需要强制。而咬牙强制或者说被迫强制，背后其实都是违背人性、压抑人性的。对人性的压抑一方面很难长久，另一方面也很难让我们快乐。如果不想办法让计划顺应人性，单纯靠所谓的意志力去坚持，那么的确很难坚持下去。意志力是非常有限的存在，大多数人无法仅通过意志力将计划进行到底。

计划背后的心理学和社会学

为什么会发生这样的情况？为什么我们曾经信以为真、奉若神明的“21 天养成好习惯”竟然是无稽之谈？为什么“计划无用论”这么普遍？为什么很多人就算认同计划的重要性，但是仍然坚持不下去？

如果想要透彻回答这个问题，首先需要挖掘问题的根源，根源在于计划背后的心理学认知因素和社会学变革因素。

从心理学认知因素来分析，其实是完美主义惹的祸。我们每个人在内心深处都有追求完美的愿望。当我们给亲朋好友送祝福时，用的祝福语大多都和完美有关，比如“一切顺利”“一帆风顺”“万事如意”“马到成功”“心想事成”等。当我们自拍发朋友圈时，也喜欢一遍又一遍的修图美化。爱美之心人皆有之，追求完美也是人类的天性。完美主义在计划制订上表现在两方面。

第一，希望计划在制订之初能够得到完美的设计和安排。

我们在制订计划时，往往力求计划详尽、全面，力求计划最大化地产出。计划如果不能非常详细，具体到每一个任务细节、每一个小时甚至每一分钟，如何确保一切的确是按照计划执行的呢？如何衡量实际执行的效果呢？所以我们绞尽脑汁，花费大量的时间在每一项任务的细节上，我们认为不能浪费一丁点宝贵时光，恨不得从早上起床到晚上睡觉全部安排得满满当当。当我们把这样的计划完成后，内心“计划”成就感瞬间爆棚，仿佛计划已经按照我们的设想实现，整个人沉浸在实现计划那一刻的幻想中。

我曾经在几家企业负责绩效管理体系建设，很多人问过我同样的问题：如何设计一个完美的绩效管理体系？如何快速打造一个完美的团队？诸如此类。

但是很多人并不清楚，绩效管理的核心在绩效辅导而非绩效考核，很多人片面地认为绩效就是考核，甚至用“绩效考核”的称呼来替代“绩效管理”，用最简单的打分来替代最难的辅导。如果绩效管理者能够认识到“绩效辅导”的重要性，就会明白绩效管理体系并非一次性设计出来，或者说计划出来的，而是在绩效管理的过程中，通过绩效辅导，不断对管理方式和计划进行优化，最终达成我们想要的绩效管理目标。

计划一次成型怎么可能！我们在决定制订计划的一刹那，我们所依赖的仅仅是我们当时的经验、想法和认知，这是一个静态的快照。但是计划所要面对的是动态的过程，未来环境会变、人们会变，一个静态的快照面对动态的过程，计划注定是无法一次成型的。

第二，希望计划在执行过程中不会有任何差池和偏离。

很多人会认为，辛辛苦苦做出的计划，如果不能严格执行，那么计划还有什么意义呢？如果没有执行好，那么肯定是自己的问题。秉承这个执着的信念，他们在制订计划后，拼了老命地痛苦执行，一旦当天有任何任务没有按计划完成或者做好，立刻会陷入深深的自责和痛苦之中，自信心也会受到一次次的打击，眼瞅着没有完成的任务日积月累堆成高山，计划最终也被迫夭折。

然后他们痛定思痛，深刻反省后，重新制订计划，把过往的欠账一笔勾销，开始新的计划日程，但是历史却惊人地相似，新的计划还是无法摆脱夭折的命运。

这样还不如不做计划！比计划总是完成不了、总是推翻再来更为严重的后果是，我们的自信心一次又一次地受到打击，我们品尝了一次又一次的挫败感，久而久之会影响我们对自己的看法，让自己陷入消极、自卑、胆怯的境地中，再也没有勇气去尝试新事物、接受新想法。当我们失去了尝试的勇气后，我们的人生也会因此一片灰暗，这个代价还不够大吗？

以上所列出的两种表现都是因为我们不知不觉中陷入了完美主义的怪圈。因为追求计划制订的完美和计划执行的完美，而让计划越来越脆弱、越来越不可行，更有甚者连累了自信心，开始自我否定甚至自暴自弃。

有人可能会反问，追求完美有错吗？追求完美本身并没有错，很多时候只有追求完美才能成就伟大的作品，但是追求完美需要警惕过犹不及！

我曾经看过一部韩国电影《计划男》，就生动地刻画了这类人群。影片中的韩正锡习惯给生活里的每件事都做好周密计划，在他过去的岁月里，几乎每分每秒都要按照计划生活，但是这样的人生真的是我们想要的吗？我们可以扫码观看视频，然后思考一下这个问题。

延伸阅读
手机扫一扫
视频片段
—电影《计划男》视频
扫一扫

再看社会学变革因素。

美国作家大卫·克里斯蒂安的《极简人类史》是一部视野宏大、脉络清晰的描述人类简史的书。它讲述了现代智人近 10 万年的发展轨迹，以宇宙大爆炸为起点，在大约 138 亿年宇宙演化的壮阔背景下，俯瞰人类历史从无到有的全过程，构建了一幅关于人类历史的大图景。我特别将《极简人类史》中人类发展的关键里程碑数字进行了整理，统计如下。

- 采集狩猎时代持续约30万年（前30万—前9000）
- 农业时代持续约1万年（前9000—公元1765）
- 工业时代持续约200年（1765—1969）
- 信息时代持续约50年（1969—现在）
- 移动互联网时代持续约10年（2007—现在）

我常说数字是最有说服力，也最能震撼人心的，从上面的数字中，我们能感受到的一个趋势就是，人类社会正在以前所未有的加速度前进！靠着去野外采集果子、捕捉猎物，我们的祖先生活了好几百万年；靠着“春种、夏长、秋收、冬藏”的农业生存模式，我们的祖先生活了一万年；进入工业时代后，伴随着汽车、火车、飞机的发明，人类进入了前所未有的发展快车道，时代的变迁也从之前的以万年计，到现在的百年、几十年。而今天借助移动互联网、大数据、云计算、人工智能等新兴科技的推进，行业的变迁、时代的变迁已经缩减到了 10 年以内！也就是说，以前的生活模式历经几代人都不会变，而今天的一代人却可能要经历多次时代、行业和生活方式的变迁。

这个社会的变化实在是越来越快，移动互联网的汹涌之势更加剧了这种变化，我们不说工业时代、农业时代，更不说遥远的采集狩猎时代，就说 20 世纪 80 年代的中国，那个时代铁饭碗还很流行，人们削尖了脑袋往工厂里钻，那个时代甚至还流行接班，也就是父母退休后空出来的职位由孩子顶替。每天的工作几乎没有什么变化，一套按部就班的计划表就够用了，这套计划表很可能是从爷爷辈传下来的，但是不影响我们的使用，我们制订计划的难度在当时并不高。

再看看今天，从百团大战到 O2O 遍地开花、从滴滴打车到共享单车、从大数据到云计算再到人工智能，三个月行业就变了天，一年行业就被颠覆，这是农业时代的放牛娃和工业时代的流水线工人无法想象的。

这种社会大趋势下，我们计划的制订和执行面临着前所未有的挑战。

计划制订和执行的基础是对未来的预测和把握，我们对未来的预测和把握越准确，计划在执行时就越可行。中国的农业时代，无论是从先秦时期就开始订立、用来指导农业活动的二十四节气，还是鬼谷子提到的“持枢，谓春生、夏长、秋收、冬藏，天之正也，不可干而逆之。逆之者，虽成必败”，都将农耕计划做到了非常详细的程度，而且这个农耕计划的可行性很强，祖祖辈辈，一代又一代人都可以直接复用。工业时代的工厂车间流水线，同样可以做到计划非常精细化，具体到每个小时生产多少零部件，而且执行效果非常好。

我们在农业时代和工业时代形成的固有计划思维，到了移动互联网时代却变得支离破碎。移动互联网时代的快速化、碎片化、个性化、创新化，决定了这个时代的公司或者个人，活下去是唯一的硬道理，谁知道能不能活到明年，何谈五年规划！

计划的内在价值探究

在今天这个时代，计划真的一文不值了吗？

计划依然有用，但是也需要与时俱进。更重要的是，我们关于计划的认知需要改变，一切关于计划的认知和基于认知的行动需要回归到计划的内在价值上。

计划的目的非常明确，是为了提高我们的生活质量，让我们的人生过得更好，而非传统意义上所理解的严格执行计划。严格执行计划只是手段，是否采用这种手段取决于它是否有助于我们在人生路上走得更好。

从计划的这个目的出发，我们看计划的内在价值是什么。

不确定性是我们人生路上的常态，而计划的内在价值恰恰在于应对不确定性，继而实现我们前面提到的目的：提高生活质量和人生路走得更好。如果人生路上没有了不确定性，那么计划自然就没有了价值，我们也就不再需要计划。

顺着这个思路思考，既然计划的内在价值是为了应对不确定性，而现代社会的不确定性越来越大，计划应该更有价值才对，可是为什么好多人却感觉计划越来越没有用武之地了呢？那是因为我们还在用传统的计划思维和习惯去制订和执行计划，这种传统的计划思维定式已经在我们基因里存在了上万年，自农业社会开始，我们就在按照计划的完美主义和固化形式生活。

横看成岭侧成峰，是时候主动颠覆自己的计划思维了，不然很可能会被时代所颠覆。新时代的计划思维总结成一句话就是：计划是为了应对变化，计划是为了改变计划，计划需要高容错性设计。

1. 计划是为了应对变化

如果没有变化，世界就是一潭死水，计划也就失去了其内在价值，只有变化才能凸显计划的价值。但是如果变化超出了我们可控的范围，计划的内在价值反而会被弱化。

为了避免计划内在价值被弱化，我们需要把变化的幅度把握在可控范围内。虽然这个时代的客观现状是不确定性越来越大，变化越来越剧烈，各种黑天鹅、灰犀牛事件频发，但是仔细研究变化幅度和时间的关系后，会发现离我们越遥远的事件，不确定性变化的幅度越大；离我们越近，不确定性变化的幅度越小，所以从一个短的时间区间来看，变化的幅度依然在可控范围之内。

举个非常简单的例子，假如我们未来的目标之一是晋升为公司的项目总监，而未来会有非常多的不确定性影响这个目标的达成，比如在我们成为项目总监之前公司破产了，原来非常器重我们的领导离职了，遇到比项目总监更加有前途、更加适合自己的职位了，或者有一天我们突然决定要换一种活法等。虽然未来不可预测，但是如果从更短的时间区间来看，比如下周或下个月，以上我所提及的那些不确定性发生的概率就可能小到忽略不计，在这个短区间内，我们可以使用计划工具让自己从容应对不确定性和变化，计划的制订和执行也更加可控。

“计划是为了应对变化”，顺应现在这个时代特点，就是“一万年太久、只争朝夕”。长期计划意义不大，不能应对不确定性，不能提供准确的行动指导，所以应该尽可能缩短计划周期。计划要做得短而美，计划要活在当下，因为我们无法预测遥远的未来会发生什么天翻地覆的变化，所以不要再雄心勃勃地去做人生的 5 年计划、10 年计划甚至一辈子的计划了，除了浪费宝贵的时间和计划执行结果扎心之外别无他用，不如关注近期的计划，然后留出更多的精力在执行和思考上，通过“计划—行动—思考—再行动”的闭环实践去实现计划的内在价值和目标。

根据个人经验，建议我们的计划最长做到一年以内，也就是我们可以尝试做当年的年度计划和季度计划，把重心放在周度计划和日度计划上面。“活在当下”的本质含义就是“过去已经过去，未来还在未来，我们能掌控的只有今天”。

2. 计划是为了改变计划

这个计划思维可能不太好理解，因为这与我们传统看待计划的方式背道而驰，做计划的目的不是为了执行吗？如果不能够按照计划执行，计划还有什么意义呢？计划怎么能是为了改变计划呢？

如前所述，计划是为了让我们生活得更好，这是计划的终极目的，而非执行计划本身。所以任凭世界多么喧嚣，我们一定要心如明镜，计划是为了将计划中列出的所有任务项执行完成，而目的是为了实现我们的目标，而我们的目标不是计划本身，计划中列出的所有任务项仅仅是实现目标的手段而已！一定要将目标和计划区分开，当计划本身已经难以支撑目标实现时，当我们有更好的手段和方法去实现目标时，我们必须立即改变计划，而不是抱残守缺，追求表面的完美。

我们可以想一想优秀的互联网产品是如何设计出来的。

互联网产品设计有个 MVP（minimum viable product，最小化可行产品）原则，最早来自美国的埃里克·莱斯写的《精益创业》，MVP 是指产品团队通过提供最小化可行产品获取用户反馈，并在这个最小化可行产品上持续快速迭代，直到产品到达一个相对稳定的阶段。

延伸阅读
手机扫一扫

MVP解密

- 什么是MVP
- MVP流行原因的思考
- MVP的应用场景和应用策略

扫一扫

为什么互联网产品的设计要借鉴 MVP 原则呢？其根源在于互联网产品竞争的激烈化和变化快速化。我们很难像传统产品设计那样，通过调研、需求、设计、开发、测试、发布的瀑布模型来设计和生产产品，因为我们在调研阶段获取的产品亮点，很有可能到产品上市那一天却发现已经完全过时。为了跟上快速变化的市场，倒逼互联网的产品设计流程借鉴 MVP 的理念，先用尽量短的时间设计一个满足最小或者最基本功能的产品，推到目标市场上给目标用户使用，接着收集目标用户的反馈，再回头进行产品迭代优化，产品迭代优化完毕后再次推给目标用户，继续收集目标用户反馈，就是这样一轮一轮不断的迭代优化，在敏锐捕捉市场变化的过程中对产品持续改进，在持续改进中成就优秀产品。

映射到计划管理上，计划其实就是我们的产品，我们就是产品经理，当我们在制订计划时，也要借鉴 MVP 的理念，用互联网思维去设计和持续改进计划，只有这样我们的计划才能够真正促成目标的实现，计划才真正完成其使命。

计划的制订基于对未来的假设，只要是假设，就存在被未来证明不对或被修改的可能，从这个意义上讲，无条件严格执行计划，把计划当成金科玉律，无异于刻舟求剑，计划本身也会因为缺乏灵活性和变通性失去其价值，甚至适得其反。

计划不是归宿，只是工具，更好地应对未来的不确定性才是我们的归宿，从这个意义上讲，计划是为了实现目标，而实现目标的过程中不可避免地要改变计划。

3. 计划要有一定的容错性

“容错性”，是 IT 行业的专业术语，是衡量应用程序从软件或硬件错误中恢复的能力，简单理解就是容忍出错的能力。

因为未来不确定性因素的存在，即使我们将计划的区间缩减到很短的周期内，依然无法完全避免意外和不确定性的发生。比如我们今天晚上详细制订了明天的计划，细化到每个小时的精度，虽然这个未来并不遥远，但是很可能我们明天的计划会被不请自来的邮件、突发的会议、领导的电话打乱。

我们会发现，按小时细化的计划缺乏容错性，一旦有意外出现，导致我们某一个小时的任务没有完成，接下来的任务都会发生连锁反应，最终积重难返。

容错性理念体现在计划上就是：计划不要制订得那么死板，不要让计划充斥我们的每一个小时。比如可以指定任务在上午完成，但是不指定具体的时间，一切到时再看；比如计划要留有一定的浮动时间，用来应对意外和不确定性。拥有容错能力才能够让自己从容地随机应变。

基于我们对计划背后的心理学、社会学因素的分析，我们可以总结出目标、计划、行动三者之间的关系如下。

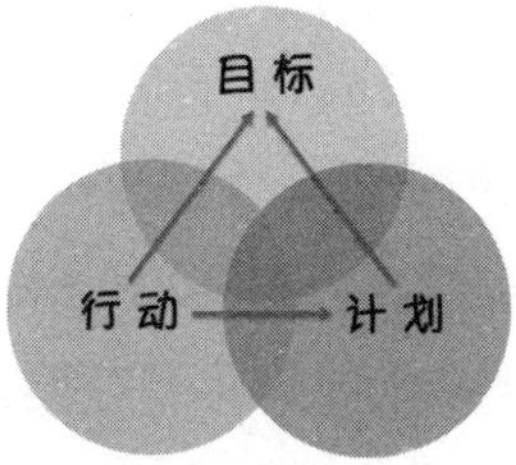

目标是计划和行动的终极目的地，无论是实现目标的行动，还是指导目标实现的计划，都是为了最终目标的实现，这个关系告诉我们低头拉车的同时，一定要抬头看路，看看路在何方，这条路是否指向了我们的目标。如果想最高效率地实现目标，计划是一个非常好的途径，通过计划去思考实现目标的方式和方法，提前预测可能出现的风险并做好应对，提前做好资源的准备和规划，无疑会给目标的实现增加砝码。从另外一个角度而言，只要变化后的计划能够支持目标的实现，我们就要积极主动地拥抱变化；行动是目标得以实现的唯一手段，行动是为了达成目标，而如何行动需要以计划作为指南。

我们所期望的计划精进，最终目标是行动和计划能够完全一致，也就是行动所在的圆圈和计划所在的圆圈完全重合为一体；计划能够完全支持目标的实现，也就是目标所在的圆圈和计划所在的圆圈完全重合为一体。此时我们行动所在的圆圈和目标所在的圆圈自然完全重合为一体，我们的每一个行动都是为了实现目标，最终达成计划精进的终极目标：三个圆圈重合成为一个圆圈。

新时代计划制订六步走

前面我们一起探求了"计划无用论"和"计划夭折论"的根本原因，并探究了其背后的心理学和社会学因素，基于双因素理论提炼了新时代计划思维的三要素，接下来我们一起思考一下计划如何制订，即计划制订的步骤。

1. 分解目标

在"目标精进"篇章中，我们知道了如何制定属于自己的目标，当目标制定完毕后，让行动剑指目标依靠的是计划，通过计划指导行动，最终实现目标。计划制订的第一步并非计划本身，而是对目标进行多层级的分解，分解到可以落地执行的程度，即最底层的层级能够实现为止。整个分解的过程就是把看似无法实现的目标通过分解加工变成合理目标的过程。

目标往往高于现实，所以目标看起来很难实现，这十分正常。就像很多人说的，目标要"跳起来，够得着"，但是在真正跳起来之前，我们无法判断到底能不能够得着，够着之后会不会摔下来。计划的作用就是分析如何"跳"才能"够得着"。

此时对目标实现路径的分解不要引入对资源、对时长的考虑，因为一旦在分解过程中考虑的因素太多，很容易"前怕狼，后怕虎"，导致分解进行不下去。当我们考虑各种资源、因素的限制时，很容易陷入过去的经验和固有思维，而按照过去的经验和思维，我们肯定实现不了高于现实的目标。

例如，公司销售部门去年完成销售额五千万元，今年目标是一亿元，也就是今年的销售额目标需要翻番。如果我们是销售部门负责人，会怎么去分解这一亿元的目标呢？如果我们仍然基于去年的客户群、去年的目标行业域，基于现有的部门人员数量和能力，我们肯定不能分解下去，因为我们潜意识里给自己增加了太多的约束，比如员工就这些人，员工就这样的能力，客户就这么多，行业领域就是目前的这几个行业，甚至市场拓展的套路和招数还沿用去年的模式，这种情况下怎么可能实现销售目标的翻番呢！

将目标分解下去的前提是我们需要抛掉固有思维和固有经验，暂时不要去考虑资源、因素的限制。接上面的举例，想要实现销售目标翻番，我们可能需要重新对市场格局、自身优劣势进行持续复盘分析，思考在现有的市场格局下，如何做才能够更快地完成市场拓展，在现有的自身优劣势背景下，如何做才能更好地发挥优势、降低劣势。比如去年主要通过销售人员的陌生拜访取得了销售业绩，今年可以考虑增加“人人销售”策略，通过销售激励措施吸引每一个人成为产品的兼职销售，打一场人民战争；今年也可以考虑和互补的第三方公司甚至竞争对手在一定领域开展销售合作，借助第三方公司的力量完成销售目标；今年也可以考虑将产品渗透到新的行业中，在新的行业寻找销售增长点。

团队的资源约束问题相对更好解决，在我们将目标分解到位后，资源约束可以通过培养、招聘、外包、合作等多种方式去解决。办法总比问题多，前提是我们需要跳出固有思维和过去经验的框框。

总之，在做目标分解时，要让自己做到脑洞大开，而不是缩手缩脚，暂时不要考虑太多因素，将自己完全聚焦到目标实现本身，最后再解决目标分解过程中各种具体的问题。

在目标分解过程中，可以借鉴使用的工具有很多，无论是白纸、笔记本，还是常用的 Excel、Word 等 Office 工具，甚至电脑和手机上的计划管理、时间管理软件，我们都可以结合自己的使用情况和使用习惯灵活选用，因为工具的价值在于辅助而非主导，选择顺手的工具即可。

考虑到目标的分解过程本质上是思考方式在广度和深度上的创新过程，推荐使用思维导图软件来完成这一步，思维导图的特点更加符合人类大脑的放射性思考方式，并且思维导图简单易用，一看就会。不推荐使用手绘方式完成基于思维导图的目标分解，因为软件能够极大地提高我们的分解效率，并且在传播、复制、修改方面有手绘无法比拟的优势。

思维导图软件有很多，如收费版本的 MindManager、免费和收费共存的 XMind、纯粹开源免费的 FreeMind 等，我们可以根据自己的喜好去使用（三款软件的对比分析，请扫描二维码延伸阅读）。

延伸阅读
手机扫一扫
思维导图工具
- XMind
- MindManager
- FreeMind

扫一扫

目标分解完成后，不要忘记和计划建立关联，否则目标分解和计划就成了信息孤岛。建立关联的好处是，我们对目标分解进行的任何调整都可以直观映射到计划的实现上，如果我们通过计划实现了部分目标，也可以反馈到分解目标上。关联的方式非常简单，当我们把目标分解中某个待办事项放到计划里，就可以把这个待办事项划一条底线或者更换不同的背景色；当我们通过计划完成了目标分解中的一个待办事项后，就可以把这个待办事项划掉或者更改背景色。通过这样的简单化处理，我们就可以非常直观地看到目标分解图中哪些分解事项已经做完，哪些分解事项已经排在计划中，哪些分解事项暂时还没有排期。

2. 制订年度计划

将目标分解到可执行程度后，就可以开始着手制订计划。目标分解和计划制订的区别在于：制订计划是为了实现目标分解，我们拥有时间和资源两个额外要素，当我们把任务项放在时间轴上，并为每项任务指定资源后，就形成了计划。

思维导图的优势在于体现发散思维和创新思维，计划制订并非思维导图所擅长，所以当我们需要将分解后的目标转化成计划时，我们需要其他更加适合计划管理的辅助工具。类似的工具有很多，比如 Project、Jira、Redmine 等用于专业项目管理的软件系统。

如果我们仅仅用于管理个人生活，而不是用来管理复杂的项目进度或计划，那么我不建议使用上面列出的专业软件进行计划管理，一方面，专业软件的使用需要较大的学习成本，另一方面，其强大的功能也很难用得上。我更推荐大家使用 Excel 作为计划管理的工具，一方面，这个工具易于上手，几乎所有人都会用，另一方面，Excel 提供的强大功能足够我们对个人计划、团队计划甚至轻量级项目计划进行管理。

自上而下、由粗至细的计划分解是保障目标实现的手段。计划制订的第一步是年度计划，年度计划往往是一个相对概括的计划，使用 Excel 来制订年度计划非常简单，我们只需要把接下来一年内要做的事项、达成的小目标，按照大概的时间段标记在 Excel 中就可以，如下图所示。

年度计划的纵轴按照人生之树进行了分类，并且又对每一个枝丫进行了细分，比如将“健康基石”枝丫细分为“身体”和“精神”，我们也可以按照自己对人生之树的理解去个性化分类。年度计划的横轴是时间轴，以月份作为刻度，将整年要做的事项、达成的小目标写在每个单元格里面，如果年度计划要做的事项横跨多个月份，可以通过合并单元格的方式描述，比如“健康基石”的“身体”和“精神”部分，如果 1 ~ 12 月的年度计划都一样，那么描述一次即可。

观察年度计划的示例，细心的朋友可能会发现，年度计划中列出的事项都非常精炼和概括，的确如此，年度计划中列出的事项一定是最重要的，并且通过尽量概括的方式描述。我们不可能在年度计划中把所有事项都事无巨细地罗列出来，更没有必要这样做，把细化描述和全面描述交给接下来的月度计划、周度计划和日计划。年度计划更像一幅世界地图，呈现的是全局视角，而非局部细节。

人生之树	分类	1月	2月	3月	4月	5月	6月	7月	8月	9月	10月	11月	12月	备注
健康基石	身体	7.5小时睡眠保障：7小时（23:00-6:00）+半小时（中午30分钟）+每周2次跑步												
	精神	冥想+跑步+抄录心经+阅读相关书籍+约人沟通												视情况灵活选取
家庭亲朋	小家庭	每晚和孩子共同看一本书，每周末和孩子一块玩至少半天；每个节日一份礼物；每月出游1次												
	大家庭	每周通话1次；每个季度回趟老家；每年回老家过年；每年深入畅谈1次												
	亲朋好友	每个月约见1名当地亲朋好友，每个月给远方亲朋好友通1次电话												
价值实现	写作分享	OKR实践			敏捷实践			时间管理实践			工具管理实践			
	……													
职业发展	经营业绩	组建销售团队			2000万元			3000万元			5000万元			
	团队建设	组织架构调整和辅导			团队专业度提升			团队专业度提升			团队职责互换			
	……	组织架构调整和辅导			团队专业度提升			团队专业度提升			团队职责互换			
精进成长	读书阅读	经管类图书			经济类图书			人物传记类图书			历史类图书			
	……													
休闲娱乐	旅行	温泉+滑雪			云南			美国			新疆			
	美食	东北驻京办美食			东南驻京办美食			西南驻京办美食			西北驻京办美食			
	影视	the walking dead			big bang theory			this is us			this is us			

3. 制订月度计划

有了年度计划作为全局指导，接下来开始制订月度计划。一年有 12 个月，由于我们很难对距离较远的月份有十分清晰的预测和把握，所以月度计划的重心在即将到来的下个月，对距离较远的月份进行粗略的计划制订即可，甚至 4~12 月的计划只需制订到季度的颗粒度。

这种思想在项目管理学中叫作“滚动式规划”，滚动式规划是一种渐进的规划方式，即对近期要完成的工作进行详细规划，而对远期工作则暂时只在较粗的颗粒度或层次上进行粗略规划。这是因为在早期的时候，我们所掌握的信息有限，很多信息尚不明确，所以远期计划只能分解到里程碑层面，而后随着了解到的信息越来越多，再对远期计划进行详细的制订。

“滚动式规划”的关键在于一定要“滚动”起来，也就是在每月的最后几天，留出不被外界打扰的 1 个小时，对下个月的计划进行细化，细化到周的颗粒度。我们一般会将一个月分解为 4 周，月度计划针对 4 周分别进行规划。

当然，一个月不会正好是 4 周，比如下面的日历显示的是 2025 年 6 月，我们发现6月1日是周日，而6月29日和6月30日分别是周日和周一。那么 6 月 1 日、6 月 29 日、6 月 30 日是否应该划到 6 月份的 4 周里呢？

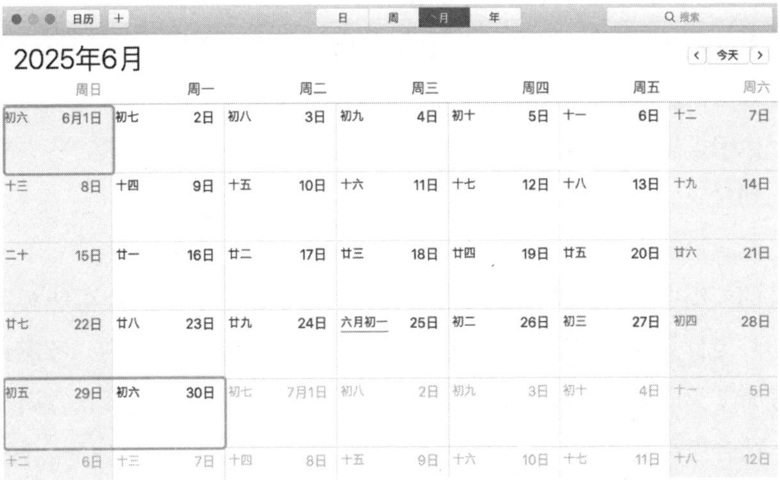

建议采用的划分标准是，该日所在周的主体在哪个月，就将其划至哪个月。比如，2025 年 6 月 1 日所在的周，从 2025 年 5 月 26 日至 2025 年 5 月 31 日一共 6 天都属于 5 月，说明 2025 年 6 月 1 日这一天所在周的主体在 5 月，故 2025 年 6 月 1 日应该划到 5 月，同理，6 月 29 日应该划到 6 月，6 月 30 日应该划到 7 月。当然，这里采用的一周的起止是以周一为起始日，周日为结束日。

Excel 版本的月度计划的示例如下。

A	B	C	D	E	F	G	H	I
月度计划		周三晚上和周六、周日早上奥森跑步 8小时睡眠保障		人员招聘： 流程建设： 客户拓展： 团队管理：	读书： 写作： 考证：	父母： mr right： 孩子：	旅游： 美食： 影视：	
日期	[illegible]	健康基石	价值实现	职业发展	精进成长	家庭亲朋	休闲娱乐	周计划
2017/6/5	AM							职业发展：
2017/6/5	PM							1.
2017/6/5	NIT							2.
2017/6/6	AM							3.
2017/6/6	PM							学习成长：
2017/6/6	NIT							1.
2017/6/7	AM							2.
2017/6/7	PM							3.
2017/6/7	NIT							家庭生活：
2017/6/8	AM							1.
2017/6/8	PM							2.
2017/6/8	NIT							3.
2017/6/9	AM							兴趣爱好：
2017/6/9	PM							1.
2017/6/9	NIT							2.
2017/6/10	AM							3.
2017/6/10	PM							
2017/6/10	NIT							
2017/6/11	AM							
2017/6/11	PM							
2017/6/11	NIT							
2017/6/12	AM							
2017/6/12	PM							
2017/6/12	NIT							
2017/6/13	AM							
2017/6/13	PM							
2017/6/13	NIT							

这个示例模版的最大好处是，通过一页 Excel 可以将“月度计划”“周度计划”和“每日计划”尽收眼底。

模版最上方的是月度计划，我们可以按照人生之树的枝丫进行分类，比如分为“健康基石”“价值实现”“职业发展”“精进成长”“家庭亲朋”和“休闲娱乐”，然后初步思考每个维度里本月最重要的大事，将大事暂时列到对应的单元格中。

模版最右方是周度计划，接下来将初步思考的月度整体计划分解到当月的 4 周中，分解的过程也是思考更加深入的过程，所以可能会发现当初月度计划制订得不合理的地方，就反过来调整月度计划。考虑到一周只有 7 天时间，所以并非一定要把人生之树的所有枝丫都在每周中体现，结合当月重点有选择性地列出即可。

4. 制订周度计划

周度计划同样遵循“滚动式规划”的原则，我们可以选择每周日晚上对接下来的一周工作进行详细安排，安排到每天甚至每半天的颗粒度，同样我们会对下周第 1 天的事项安排得最为详细，接下来 6 天的安排相对粗略。

模版左方是每天的计划区域，占据了整个计划最大的篇幅，足以印证新时代计划理念“一万年太久、只争朝夕”。每天的计划并不一定要细分到小时，除非我们每天的工作、生活相对规律并且外部干扰很少。我相信绝大多数人每天都会遇到各种各样的计划外事件需要处理，每天都会有不速之客打断原本的节奏，特别在我们还没有学会时间管理或者处于时间管理学习初期的时候。我将一整天分成了三个时间段，分别是上午、下午和晚上，这是我个人每天计划的细分程度。我会安排我上午做什么、下午做什么、晚上做什么，但是我不会指定具体的时间点，以便为计划保持一定的容错性和机动性。

按照经验，给计划留下适当的缓冲时长非常必要，也就是说，每个半天只安排 80% 左右的事务量，剩下 20% 左右作为缓冲时间。第二天如果有临时事项横插进来，缓冲时间正好派上用场。考虑到我们往往高估自己完成任务的用时，也可以利用缓冲时间补救。如果第二天很幸运，既没有临时事项，我们昨天的预估又很精准，此时的缓冲时间，我们要么用来享受休闲娱乐的放松感，要么用在后续事项上，享受进度提前的成就感，总之都是好事，何乐而不为呢？

5. 更新每天计划

每天晚上在复盘当天的计划之后，都需要对第二天的计划进行更新和调整。一般情况下，我们会遇到三种更新调整的场景。

（1）提前完成的场景。由于提前完成当天的计划，所以第二天的一部分计划事项也已经提前完成，这个时候我们需要重新调整第二天的计划，比如将第三天的部分事项提前到第二天去做。

（2）延期完成的场景。由于各种原因并没有按时完成当天的计划，这个时候不要沮丧，而是应该在思考下次如何避免的情况下，将没有完成的事项放在后续的某天补上，这个时候有可能带来连锁反应，那么我们就去更新第二天的计划。

（3）第二天有特殊事项的场景。我们的每一天并非简单的重复，相反，大多数日子里的大多数事项都会有所不同，第二天可能会有一些特殊事项要做，而这些特殊事项我们前几天并不知道，并且可能耗时很长，比如今天临时被通知第二天要参加一个从早到晚的领导力拓展训练，此时我们就需要更新和调整第二天的原计划。

就像前面提到的，计划并非一成不变，而是要根据现状和环境的变化而变化，所以积极地拥抱上述提到的变化场景，从心态上接受这种变化。

另外，对于一些常规的例行事项，比如每两周聚餐一次、每天闲聊一次、每月思考迭代一次、每月交房贷、每年交保险费等事项无须体现在 Excel 计划中，例行事项使用清单类提醒 APP（应用程序）做周期性的提醒会更好，作为计划载体的 Excel 因为移走了例行事项也会变得更加简洁，以便我们更能专注在重要事项上。

6. 定期复盘计划

年度计划、月度计划、周度计划、每日计划、半日计划，每一期大小不同细分程度的计划执行下来后，回头看着自己已经完成的事项，肯定成就感爆棚，但是看着自己没有完成的事项，也会有些挫败感。此时先别沉浸在成就感或者挫败感中，更别着急开始下一期的计划更新，而更重要的是，直面并总结做得好的地方和需要改进的地方，特别是复盘需要改进的地方。这是一个深度探索自我的好机会，对失败的总结会比对成功的总结更能让我们认识自己和不断成长。

虽然这一步说的是“复盘”，但是对过去的复盘和对未来的计划可以同时进行，复盘可以使用“红绿灯法则”，也就是按照程度使用红色、绿色和黄色标记。可供参考的步骤如下。

（1）将完成事项所在的单元格背景色填充为绿色，当我们看到满屏幕都是绿油油的生机时，会特别开心和满足。

（2）没有完成的事项，根据原因的不同分为两种，由于客观原因没有完成的，比如临时有事相冲突、发现缺乏执行条件等，将单元格背景色填充为黄色；由于主观原因没有完成的，比如忘记、犯懒、犯拖延症等，将单元格背景色填充为红色。

（3）使用“红绿灯法则”完成事项分类标记后，接下来分析为什么没有完成既定的事项。一般来讲，我们既定的事项没有完成，大部分的原因如下。

- 高估了时间利用率

在接下来的“时间精进”篇章，我们会了解到时间的三属性：场景属性、精力属性和时长属性。我们既定的事项没有按照预想完成，一个原因就是我们高估了自己对时间的驾驭力，我们误以为自己将无时无刻保持精力旺盛、高产出的状态，这一点违反了时间的精力属性原则。

- 低估了任务项的难度

为了更好地在工作中进行各式各样的评估，我曾经研究过预测学，预测学告诉我们，我们很容易低估一件事项的难度和所需要的时长，因为我们估算时并不能了解事项的方方面面，同时迫于周围环境的压力，很难增加充足的缓冲时长而不得不妥协，最后往往因为考虑不周而延期。

- 我们内心并不想去做

有时候事项没有完成，从根本上来讲可能事项并不是我们想要的或者说我们真心想去做的，自然会在潜意识驱使下为其他事项让路，最后沦落为计划的牺牲品。比如学英语这件事，有多少人把这个事项一次次列到计划中，却一次次因为这样那样的理由挤不出时间，最终一次次耽搁或放弃，究其本源很可能是你本身不重视、不想做，列在计划中仅仅是因为看到周围的同学在学，自己盲目跟风而已。

（4）基于应对措施更新下一期计划

找到原因就成功了一半，基于原因去思考对策，并将对策应用在下一期的计划中，就可以给复盘画上一个短暂的句号。

如果原因是“高估了时间利用率”，那么我们可以按照时间精进章节的攻略，将自己的时间段分别打上场景、精力、时长的标签，把待办事项调整到合适的时间段上。

如果原因是“低估了任务项的难度”，那么接下来就需要给下一期的计划留出更多的缓冲时长，同时通过借助资源、调整方法等措施优化任务项的达成方法。

如果原因是“内心并不想去做”，那么接下来需要重新思考这个事项的真正价值，是否真的是我们内心想要的，是否的确是做给别人看的。对于我们内心想要的事项，就去强化达成后的效果，通过效果激励自己、提升自己的自驱力；对于不是自己想要、仅仅是做给别人看的，可以考虑直接放弃。

虽然我们说的是“定期”复盘更新，但是这个“定期”非常明显，也就是“定”在每年最后一周的某 4 个小时去制订年度计划，每月最后一天的某 1 个小时去制订月度计划，每周日的某 30 分钟去制订周度计划，每天晚上的某 15 分钟去制订每日计划。

我们可以一起算一笔账，看看我们用在计划上的时间一共多长。

4（每年）+1 × 12（每年 12 个月）+50 × 0.5（每年 50 周）+0.25 × 365（每年 365 天）≈ 132 小时 ≈ 5.5 天

每年用不到一周的时间换取一整年的好计划、好习惯、好前途，岂不是世界上最划算的付出？

PART 3

时 间 精 进

24 小 时 深 度 至 上

时间精进的思考

时间精进其实和前面分享的计划精进是相辅相成的关系。从思维习惯来看，我们往往先有目标，再有基于目标的计划框架，接下来对计划分解到每年、每月、每周、每天甚至每个小时。时间精进更多地聚焦在当下每一天和每一时刻如何度过，如果我们能很好地管理和利用每一天的每一时刻，那么每一周、每一月、每一年的时间精进自然水到渠成，从这个意义上讲，先有目标和计划精进，再有时间精进。但是换一个视角，从践行来看，则先有时间精进、再有计划精进。毕竟计划要分解到月、周、天的颗粒度，如何分配我们的时间到每一个具体的任务项上，如何将时间直接反映到计划上，直接决定了计划精进的效果。当我们洞察了时间管理的诀窍后，我们的计划会更加高效和可行。

本章我们遵循思维习惯，将时间精进安排到计划精进之后，但是明白了上述提及的"相辅相成"特性，能够帮助我们更好地对职场九宫格融会贯通。在掌握了时间精进后，回过头来重温计划精进，我们会有更多的收获。

时间精进其实就是时间管理，时间管理是一个古老而又年轻的话题，古人"日出而作，日入而息"的生活方式就是最朴素的时间精进；今天，随着移动互联网的飞速发展，时间精进再次成为年轻人的关注点，毕竟我们每个人或多或少都曾遇过下面的情况。

- 经常在用到一件东西比如钥匙时却忘记放在哪里了，于是翻箱倒柜，花费半天时间去找那把钥匙。
- 感觉自己过去很多的爱好现在已经荒废，原因很简单，几乎脱口而出：太忙了。
- 每天都是从早到晚忙忙碌碌，但是到头来却想不起这一天做了什么重要的事。
- 感觉光阴如梭，眼睛一睁一闭，一年就过去了。

- 一边焦虑于职场竞争力的下降，一边又挤不出时间去充电提升。
- 经常把口头禅“没时间”挂在嘴边。
- 甚至连时间管理改进的尝试都没有时间。

我们都渴望改善上面提到的窘境，以及因此而产生的迷茫，很多朋友也为此翻看了很多时间管理的书籍，学习了很多时间管理的课程，但是经过一番学习之后发现，除了对诸如“番茄工作法”“时间管理四象限法”“GTD（Getting Things Done）时间管理法”“吃掉那只青蛙法”等方法论的名称烂熟于心外，生活依旧一天天按原样过下去。

延伸阅读
手机扫一扫
时间管理理论
- 番茄工作法
- GTD时间管理法
- 吃掉那只青蛙法

扫一扫

不要着急冲进时间管理的知识海洋中，那样很可能会淹死自己，在掌握时间管理之前，我们更需要探究时间的本质，追根溯源，然后掌握时间管理之道，这才是正确的精进之路。

时间的本质

我们每个人从出生那一刻就拥有了时间，直到死去的那一刻，时间一直都如影随形，贯穿我们的生命始终。有人说，时间对我们每一个人都是公平的，每个人每天都有且只有 24 小时，无论我们是富可敌国的权贵，还是一无所有的乞丐，24 小时都完完整整属于自己。可是这仅仅是表象，现实是有钱人可以买穷人的时间为他们服务，继而有钱人就能在同样的 24 小时内完成更多的事情。

所以，时间拥有量对每个人是公平的，但是时间的使用方式对每个人是不一样的。想象一下，每天零点钟声敲响时，上天给每个人重新发了24张小时票，此时所有人对时间的拥有量是一样的，是公平的。但是有些人用手中的时间票去换取金钱，有些人去换取享受，有些人去换取堕落，还有一些人，大量采购别人手中的时间票为自己服务。虽然所有人手中的时间票在24小时后都将被清零，但是采购别人时间票的人却比出售时间票的人在同样24小时内获取了更多。比如，当我们通过手机APP购买了一份午餐外卖时，相当于我们用钱购买了厨师的时间、购买了外卖骑士的时间，然后我们用自己节省下来的时间做更多自己想做的事，这就是时间精进给生活带来的差异性和增值性的表现之一。不过时间精进并非简单的购买别人的时间，更多的价值在于对自我时间的管理上。

时间从拥有量维度来看无法管理，每个人每天只有24小时，不管我们愿意不愿意，每一分钟、每一秒都不紧不慢地从我们的指缝间溜走，从这个意义上看，世界上只有时间才是人类的原生资源，没有时间，我们所拥有的一切资源都将不复存在，或者失去意义。

但是如果从时间利用维度来看，我们却可以通过对自我管理间接实现对时间的管理，也就是说时间精进的本质是自我管理，而自我管理是我们每一个人精进的前提。

谈及自我管理，有一个词语始终是无法回避的，我相信很多朋友在进行自我管理时，也会想起这个词，甚至把这个词和自我管理或者时间管理挂钩，这个词就是“努力”。而对努力的定义和理解，决定了每个人自我管理的重心，也决定了每个人时间精进的成效，那么什么是努力呢?

几千年以来，多少文人墨客、圣贤君子、专家大师都对努力有过数不胜数的定义，而这些定义伴随着我们的童年、少年、青年一路走来，比如，“吃得苦中苦，方为人上人”“宝剑锋从磨砺出，梅花香自苦寒来”“书山有路勤为径，学海无涯苦作舟”，等等。

前人对努力的定义，绝大多数都离不开一个“苦”字，我们从小接受的教育也在苦口婆心地告诉我们，努力考验的是和吃苦挂钩的意志力，如果我们想要成功，那么就一定要吃苦。刻苦、坚持是我们从小被灌输的品质，似乎只有坚持才能够让我们所向披靡。努力从而变成了没日没夜的吃苦、拼的是时长、拼的是意志、拼的是“头悬梁锥刺股”的那股劲头。

年少时的我们往往把书本上的知识、老师的话语奉若神明，后来经过社会锤炼的我们渐渐发现，任凭再怎么逼着自己吃苦、逼着自己坚持，一年年过去，我们的生活还是没有质的改善，我们依然是那个坐在电视前看《新闻联播》的人，而不是上《新闻联播》的人。到底是哪里出了问题？

努力本身没有错，多少职场大佬的成功都离不开努力，而且越成功越努力，但是努力不能简单地和吃苦画上等号，因为再怎么吃苦我们也只有 24 小时，我们拼得过团队力量吗？我们拼得过趋势吗？我们拼得过时间吗？更重要的是，吃苦是反人性的，没有人喜欢吃苦，把努力和吃苦画上等号的唯一结果就是，一想到努力是吃苦，最后努力就只能靠意志力。

我个人认为，片面地强调意志力是成功的关键要素是最大的谎言。很少有人能够单纯地靠意志力坚持到底，每个人的意志力都非常有限，过量使用意志力的直接后果就是，总有一天会我们会因为超出自己能够承受的意志力极限而崩溃。

不要把自己的努力、坚持寄托在意志力上和吃苦上，而是寄希望于发自内心的热爱上，因为无论吃苦还是意志力都是从外到内的强加，热爱却是从内到外的迸发，而由内到外的点燃才是坚持到底的努力源泉。

谈到热爱，又让我想起一个老生常谈的话题，即到底按照兴趣选择职业还是按照特长选择职业。很多人说是兴趣，但是我觉得最好两者能够结合，如果只能选择一个，那就选特长。决定我们对职业热爱的终极因素是成就感，也就是马斯洛提到的自我实现，如果兴趣无法在职场上让我们实现自我价值、拥有成就感、获取认同感，很快我们就会毁了这个兴趣。回想学生时代，如果我们特别喜欢一门学科，起源往往并非兴趣，而是自己拿了高分或者获得了老师的表扬。

一件事情能否让我们产生热爱，关键在于我们能否通过努力获得成就感。努力是一种在方向、策略、技巧方面的较量，而非在吃苦和意志方面的较量。成就感取决于我们的方向、策略和方法，而不是单纯比拼时长和吃苦。

请尊重和重新审视努力，努力是一件有技术含量的活动！

努力比拼的是在吃苦和意志力方面的较量 X

努力比拼的是在方向、策略、技巧方面的较量 √

- 努力在方向上的较量

在闷头努力之前，我们是否看清了社会的大势并能够选择合适的方向借势起飞？

特别是你我这样只能依靠自己的普通人，唯一能打破阶层固化魔咒的方法就是把自己有限的资源进行聚焦，专心做好这个行业的这个职业，日积月累，成为这个行业、这个职业的专家后，我们未来的路才会更加广阔。

- 努力在策略上的较量

我们能否把自己拥有的内部资源和外部资源全部充分利用，在策略上不要一个人去战斗？

我们每个人每天最多只有 24 小时，除去睡觉和吃饭，能带来有效价值的时间最多也就 12 个小时，不要告诉我你可以每天只睡 5 个小时，每顿饭都是 15 分钟搞定，这样严重透支生命、丝毫没有人生幸福感的生活方式不在我们的讨论范畴。时间精进首先要树立一个理念：不要一个人去战斗，要整合好、利用好自己身边的各种资源。想想孔明先生呕心沥血一生，结果“蜀中无大将，廖化作先锋”；再想想貌似废柴的刘邦，打仗靠韩信，计谋靠张良，招揽游说靠萧何。我们悟到了什么？

- 努力在方法上的较量

我们能否思考和尝试在工作方法上不断迭代升级？

很多时候，我们以为自己已经非常努力，努力到被自己感动，但残酷的真相往往是，我们所看到的仅仅是表象，大多数情况下我们付出的只是体力上的努力，比如没日没夜的工作、加班等。而真正“努力到无能为力”不仅仅体现在体力上，更体现在脑力上。体力上的努力体现的是时间长度，但是一天只有 24 小时，可拓展的空间非常有限。脑力上的努力体现的是时间深度，对时间深度的挖掘潜力却深不可测。回首看看，我们做了很久的工作，是否还在使用多年前的方式和方法，我们有没有在做事方法上不断思考和创新，让效率、效果翻倍提升？不要以为一直用的方法就是最好的方法，用怀疑和批判的眼光去审视自己做事的方法和策略，打破惯性思维的魔咒，才能顿悟出更好的时间精进之道。

时间精进永远和所处的时代环境有关，我们现在处于一个科技大爆炸的时代，科技让我们的生活半径越来越大，让我们的生活越来越便利和高效，我们可以在十几个小时内到达地球上的任何一个角落，而玄奘法师在一千多年前用了整整五年的时间才走到那烂陀寺；杜甫当年感叹“烽火连三月，家书抵万金”，今天分分钟就可以在地球的任何一个角落通过视频、音频找到我们想联系的人。但是，我们的闲暇时间和自己可支配的时间却没有因此而增多，我们的幸福感也没有因此而增强。

20 世纪 90 年代，在那个没有互联网、没有微信、没有 O2O、没有网购、没有高铁、没有手机的年代，我们有蓝天、有平邮、有书籍、有一份普普通通但是稳定的工作，那时的社会没有那么多焦虑、浮躁、功利、戾气。而今天在移动互联网这把双刃剑下，在新四大发明“高铁、支付宝、共享单车和网购”的加持下，生活变得便利的同时，我们却感觉越来越忙，每天的时间被刷朋友圈、各种消息提醒拆解得支离破碎，静下心来不被打扰地专心做一件事情变得越来越奢侈。我们也越来越焦虑和急功近利，恨不得看了一篇文章后，就可以不动脑筋地获取升职加薪的捷径。各种标题党文章如雨后春笋般泛滥，几乎都是语不惊人死不休的套路，被标题吸引的我们匆匆打开又匆匆关闭，转向另外一篇标题党文章，被骗了一次又一次的点击和转发……

移动互联网下的社会就像一架高速运转的机器，有些人因为是这台机器的核心部件，受到优待成为上层人士；有些人是这台机器的螺丝钉，成为易耗品而坠入社会底层，但无论我们是上层人士还是底层人士，其实都是这台机器的零部件，机器转得越快，人被推着跑得越快，疲于奔命的一生结束后又换新的一茬。在这疲于奔命的一生中，我们往往忘记了生命的初衷，被贪婪和欲望占满了内心，不再去珍惜已经拥有的东西，而是想要更多，折腾着折腾着，人生就过去了。

时间精进七锦囊

面对上述的状况，我们应如何应对呢？每个人每天都有 24 小时，应对时间的姿态却成就了万千不同的人生。这万千人生中，典型的时间应对姿态有下面四种，我们也可以看看自己属于哪一种。

着急姿态：着急姿态的人永远都是风风火火，一直都在和时间赛跑，手头上永远有做不完的事，每一天要么在工作，要么在工作的路上，从来不给自己留出一丝喘息的机会，口头禅永远都是“太忙了”“没时间”。

迷茫姿态：对时间迷茫的人本质上是对未来迷茫，他们有大把的时间，却不知道如何利用，每天都是通过玩游戏、看电影、睡大觉来消磨时间。他们可能会列计划，但是计划永远停留在纸上，无法变成现实，大好的时光被荒废，在停滞不前中机会也就随之流逝，迷茫姿态的人其实过得很痛苦，是一种无所事事的痛苦。

随性姿态：对待时间随性的人比前述迷茫的人会暂时快乐很多。“洒脱”“跟着感觉走”“今朝有酒今朝醉”是此类人的明显标签，但是狂欢之后就是满满的落寞，如落叶般随风游走多年后的他们，往往悔恨于之前的虚度光阴。

功利姿态：功利姿态的人往往赚钱的概率很高，在他们的眼中，时间就是金钱，时间转化成金钱和利益是永远的出发点和终结点，他们会考虑如何将利益最大化，所以有钱但是往往并不快乐，成为金钱的奴隶，奴隶会快乐吗？

互联网也好，手机也罢，它们仅仅是工具，不能把幸福感的缺失和时间管理的缺憾加罪于工具之上。科技并没有让我们更加从容和幸福的根源在于，我们太多时候是被科技推着往前走，而不是主动利用科技去改善生活。如何让科技为我们所用，而不是成为时间管理的枷锁，是时间精进的关键所在。自我管理的这些年，我一步一步地走在精进之路上，沿途采集、萃取时间精进的最佳方法，精炼成七个锦囊，这七个锦囊有思想意识的精进，也有措施技巧的精进，从内到外，再从外到内，内外结合，成为我时间精进路上的伙伴。

时间精进锦囊一：时间不能放任

放任时间，就是放任生命。

西里尔·诺斯古德·帕金森所著的《帕金森定律》一书里有个老太太寄明信片的故事。帕金森发现，人做一件事所耗费的时间差别很大，例如，一位老太太要给侄女寄明信片，她用了 1 个小时找明信片，1 个小时选择明信片，找侄女的地址又用了 30 分钟，1 个多小时用来写祝词，决定去寄明信片时是否带雨伞，又用去 20 分钟。做完这一切，老太太劳累不堪。同样的事，一个工作特别忙的人可能在上班的途中花费 5 分钟就顺手做了。帕金森认为，工作会自动占满一个人所有可用的时间。如果一个人给自己安排了充裕的时间去完成一项工作，他就会放慢节奏或者增加其他项目以便用掉所有的时间。工作表现出来的复杂性会使工作显得很重要，在这种时间弹性很大的环境中工作并不会感到轻松，相反会因为工作的拖沓、膨胀而苦闷、劳累，从而精疲力竭。

我记得学生时代每年的寒暑假，老师都会布置寒暑假作业。作业量其实并不大，只是一本薄薄的作业书而已，如果平均到每天的话，做完作业所需要的时间其实并不长。可惜绝大多数小朋友往往拖到临开学的几天，才急急忙忙写完。进入职场后，当上级布置了一项下周要交的工作任务，我们同样拖拖拉拉到了最后一天才慌忙去做，最终交了一份差强人意的方案。就算给自己留一个月的时间去写方案，最终很可能也是到了最后仓促完成，质量并不会因为从一周延长到一个月能得到质的提升，在给上级留下“慢工出细活”的期望后，粗制滥造的结果反差更强烈。

帕金森定律其实一直如影随形，从小学一直陪伴我们到了职场。我们想要摆脱帕金森定律，就需要给任务设置时限，这个时限不能太长，不能留有过多的机动时间，要在合理的前提下留出最短的时间，这样在实际执行时，才不会因为时间充裕而降低执行效率，反而能够集中精力用最短的时间完成任务，提升单位时间的利用效率。

时间精进锦囊二：不要脚踏两只船

你有没有在拖着疲惫的身体下班回家后，还在对明天的会议、没写完的 PPT 操心和惴惴不安？你有没有在上班工作的时候，还一直在想休假计划的安排，偷偷翻阅手机 APP 的度假攻略？我一直认为这样利用时间的人十分悲哀，因为在家的时候并没有好好放松，工作的时候又没有好好工作，玩没有玩好、学没有学好、工作没有工作好，每天也是忙忙碌碌，结果却是竹篮打水一场空！

所以时间精进的第二个锦囊是一心不要两用！在非工作时间，放下工作专心享受闲暇，收获我们的幸福感；在工作时间，放下休闲专心投入工作，收获我们的成就感。

但是怎么做到呢？很多大师告诉我们做到的方法就是不要去想，但人是很有意思的生物，越是提醒和暗示自己不要去想，越不由自主地会去想。不过我们可以同时借助外界和内在的力量做到这点。下面列出的四个技巧适合你我这样的普通人。

第一，计划在手，心里不慌。

探究我们为什么会控制不住自己想法的根源是一件非常有趣的尝试，古语“关心则乱”其实就是答案。我们之所以一心放在两件事上，根源在于对当前未做事项的担忧或缺乏信心做好，担忧没有时间去做，担忧准备不足，担忧做不好。而应对方法其实很简单，就是为这件事项留出充足的时间。充足到什么程度呢？充足到让自己安心的程度。

上周的某天，在我买好了第二天下午出差的机票后，突然有朋友约我第二天下午见面，而由于种种原因我只能在出发前收拾行李，所以我在充分评估约见时长后，留出了 15 分钟的时间收拾行李。这样我就不会在约见沟通时心里还惦记着赶紧回家收拾行李的事情，因为我知道 15 分钟已经足够，而且我也给约见预留了充足的缓冲时长，所以我可以全身心地投入约见，不会因为分心导致约见效果下降的尴尬局面出现。同样，当给第二天的 PPT 制作留出充足的、可掌控的准备时间后，我们的担忧就会大大降低，这样才可能去享受当下。

第二，提高成本，避免脚踏多船。

提高自己一心放在两件事的获取成本。比如我每次下班回到家后，就会将手机调整为振动模式，扔到别的房间，带上手环，给自己一个非常安静的家人陪伴时光或者创作时间，此时的我需要屏蔽各种微信群的干扰，如果真的有紧急工作，我相信别人会通过电话而不是微信联系我，这个时候手环能够提醒我，不至于漏掉重要电话。对于前面提到的上班期间偷偷查阅假期攻略的现象，我们也完全可以通过把相应的手机 APP 卸载，或者把手机放在自己看不到的地方来避免。所做的这些行为都是为了提高获取成本，获取成本增加就相当于增加了一心一用的可能性。

第三，及时喊停和积极心理暗示。

及时喊停和给自己积极的心理暗示，这一招听起来好像比较虚，但是往往会收到远超我们期望的效果。及时喊停能够让我们养成一心一用的习惯，积极的心理暗示能够让我们养成“宰相肚里能撑船”的心理承受力。销售人员每天出门前都对着镜子给自己打气，每天早上房产中介人员都在外面喊口号、唱励志歌就是这个道理。

第四，践行时间管理四象限法①。

很多大师说时间管理四象限法过时了，现在流行的是 GTD②。不过在我看来，任何理念都没有过时的说法，只有是否适用。无论是四象限法还是 GTD，都是自我管理或者时间精进的工具和手段，正如武林高手可

① 时间管理四象限法：把我们要做的事情按照紧急、不紧急、重要、不重要的排列分成四个象限，这四个象限的划分有利于我们对时间进行有效的管理。

② GTD：Getting Things Done 的缩写，即“把事情处理完”。其核心理念是必须把要做的事记录下来，然后去执行。其五个核心原则是：收集、整理、组织、回顾、执行。

以摘叶伤人一样，当我们真正洞悉了时间精进的真谛后，每一个工具都可以为我们所充分利用，而时间精进的真谛是主动管理、主动前行而不是被动赶路。

时间精进锦囊三：停下脚步欣赏路边的野花

熟悉交响乐的朋友们知道，交响乐一般分为四个乐章，第一乐章是奏鸣曲式，使用快板节奏；第二乐章是复三部曲式或变奏曲，使用慢板节奏；第三乐章是小步舞曲，使用中、快板节奏；第四乐章是奏鸣曲式，使用快板节奏。交响乐的乐章有快有慢，流行歌曲有主歌和副歌之分，主歌抒情，副歌激昂。一张一弛，文武之道也。艺术源于生活，艺术如此，时间精进也应该如此，时间精进不是一味地和时间赛跑，更多是人生管理，人生不是赶路，所以该慢下来就慢下来，该停下来就停下来。

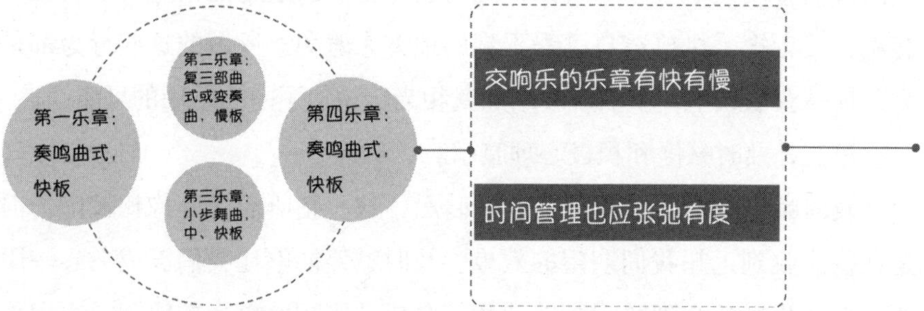

拿我们的人生来讲，张弛之道中的“张”可以是工作，“弛”可以是家庭、爱好、娱乐等。懂得了这一点，我们可以“浪费”整整一天的时间去陪家人在海滩发呆，我们也可以为了在工作上节省一个小时而绞尽脑汁，如果我们做到了这一点，恭喜你已经做到了张弛有道！

让我们“张”起来的方法非常多，所以我们需要格外关注“弛”的方式，我简单罗列了几个可以让我们慢下来的方式供参考。

- 静坐冥想。
- 去公园散散步，要注意不是跑步，而是慢悠悠地散步。
- 去山里露营、野餐、看星星，回忆儿时的美好时光。
- 看一本和工作无关的书。

- 保持规律的作息时间和餐饮习惯。
- 在浴缸里泡一次玫瑰浴，限时至少 1 个小时。
- 偶尔睡觉睡到自然醒。
- 定期奖励自己所喜欢的娱乐，让自己忘掉一切，放纵一次。

时间精进锦囊四：机智面对打断

我们是否经常遇到这样的情景，正当我们全神贯注地做一件事情时，突然领导说要开会，于是我们非常懊恼地中断手头的工作，跑去参加会议；等从会场出来时，又有一个同事拉我们去讨论方案；待回到自己的工位，想重新拾起之前的事情时，却发现已经再也回不到从前的状态了。

我们是否还遇过另外一种类似情景，正当统计考勤记录时，有人跑过来找我们，我们因此中断了手头的工作，之后当重新拾起考勤记录表工作时，我们发现依然可以接上之前的工作，之前的中断并没有对工作造成太大的影响。

有没有看出其中的端倪？不是所有任务的中断都很严重、很可怕，关键在于中断成本有多大，衡量中断成本的标准是我们是否需要花费整块时间进行深度思考。当我们在进行架构设计或者创造性工作时，中断成本就很高，这也是为什么很多工程师和作家夜晚工作效率最高，因为夜晚不被打扰；当我们在做一些简单的脑力劳动或者体力劳动的时候，中断成本就很低，中断后可以随时拾起来。

应用到时间精进上，我们需要对计划要做的事项进行分析，考虑每件事项的中断成本，考虑是否需要深度思考，以及需要的时长，然后用保证不被打断的充足时间去执行需要深度思考的事项，其次再考虑和安排不受中断影响的事项。

时间精进锦囊五：体脑并用

前面的锦囊中曾经提到不要脚踏两只船、不要一心两用，但是“一心一身”却可以并用，也就是说我们在进行体力事项的同时，完全可以同时进行脑力思考。

每个人每天其实都有大量的碎片时间，我们往往利用这些碎片时间执行体力事项，却很容易忽略对这些碎片时间的脑力利用，比如每天都要洗漱、上下班、排队等餐、买票、等电梯等，这些碎片时间非常不起眼，但是如果我们能加以利用，将会收到意想不到的累积效果。

我个人在时间精进路上从这个锦囊中获益良多，我每天的碎片时间是这样实现体脑并用的：

- 早上起床和洗漱等准备工作一共花费 30 分钟左右，我会同时打开音频 APP 收听某财经类节目。
- 每周我会跑步 2 到 3 次，每次大概花费 60 分钟，我会同时收听每周一期的《王冠红人馆》节目。
- 每天上下班路上至少花费 120 分钟，如果开车的话，我会选择收听“微信读书”APP 的音频节目；如果坐人不多的公共交通工具，我会选择阅读纸质书；如果坐比较拥挤的公共交通工具，我会选择看“微信读书”的电子书，毕竟人挤人的情况下，手机会比纸质书更方便。
- 等餐、等电梯、等人的排队场景，由于只有 5 分钟左右，过于碎片化，我会选择看一篇 3000 字左右的文章。
- 每天洗澡、洗漱、准备睡觉的时间一共花费 30 分钟左右，我会同时收听某某读书会的音频节目。

算下来，我每个工作日可以充分利用的碎片时间总共为 30+60+120+5+30=245（分钟）≈4（小时），一年按照 250 个工作日计算，就是 250×4=1000（小时），如果这 1000 个小时用读书量来换算，按照平均 5 小时读一本书的速度计算，我每年使用大家忽略的、不起眼的碎片时间就可以读完 200 本书，而绝大多数人的碎片时间都是在消磨中度过。这就是时间累积的巨大能量，滴水成河，积水成渊。

时间精进锦囊六：构建整块时间

虽然我在时间精进锦囊五中，千方百计地去挖掘自己碎片时间的利用价值，但是整块时间远比碎片时间宝贵和重要，毕竟在碎片时间我们无法做高价值、高创造的工作，这一点在移动互联网时代尤为突出。

移动互联网时代，我们的时间被主动或被动地割裂为一段段碎片时间，时不时弹出的微信消息、手机邮件提醒，突然打进的电话，突然造访的不速之客，临时的会议安排等都是让时间被动割裂的“碎片化杀手”；而时不时刷个朋友圈、看看股票行情、吃个水果、楼下抽根烟等都是主动割裂时间的“碎片化杀手”。了解这些之后，对策就很简单了，就是毙掉“碎片化杀手”，让自己的整块时间尽可能多。

时间是有场景属性的，要做的事项也是有中断成本的，两者结合起来，就可以算出我们每天的碎片时间，用来安排低脑力劳动事项和可中断事项；再算出我们每天的整块时间，安排烧脑事项和不可中断事项。

将割裂我们整块时间的“碎片化凶手”集中处理，比如规定自己每天固定时间刷朋友圈，做重要事项的时候暂时关闭微信消息，将手机邮件 APP 卸载，每天固定时间查收和回复邮件等。处理完“凶手”之后，我们会发现世界原来可以如此清净，工作可以如此高效。

时间精进锦囊七：善于借助工具

科技的进步给我们带来了很大的便利，所以善用科技工具，而不是被科技工具束缚，是时间精进非常重要的方式。工具的使用因人而异、因环境而异、因习惯而异，没有一套工具能够适用于每个人。即便如此，我之所以依然分享工具，目的不在于工具本身，而在于选择工具背后的思考。当我们学会了选择背后的思考，就能够独立选择适合自己的工具了。经过思考后选择的工具才更具生命力和贴合度，所以再次强调，工具的选择因人而异，关键在于选择的思考和方向。

在我个人的时间精进道路上，我使用了四种软件工具作为组合，以提升我的时间管理效率，它们分别是思维导图工具、Excel 工具、奇妙清单工具和印象笔记工具，四种软件工具各有所长，各有其专属的使用场景。

1. 头脑风暴和创新思维：思维导图工具

当我需要进行创新活动和深度思考的时候，借助思维导图工具能够让我思维的翅膀飞得更高、更远。思维导图类工具的奇妙之处在于可以帮助我们激发想象空间，而创新的源泉就是想象，通过思维导图中的一个关键点可以延展出更多的关键点，然后不断延展下去。思维导图之所以能够帮助我们进行创新和创造，是因为其图形化的展现形式更加符合大脑的思维习惯和认知方式，思维导图将大脑的想法通过友好的方式展现出来，而不需要在大脑中做额外记忆和勾勒想到的点点滴滴，充分解放我们的大脑，让大脑专注在创新层面。从这个意义上讲，思维导图这个时候充当了第二大脑的角色，毕竟我们的第一大脑优势不是记忆和存储，而是更加有含金量的创造。借助思维导图，我们能更容易把想法和创意按照逻辑延展的方式记录下来，最后会惊叹于自己竟然可以获得这么多想法，这就是思维导图工具的优势所在。

2. 计划管理：Excel 工具

计划管理是项目管理中非常重要的一项工作，事事皆项目，人人皆项目经理，运用项目管理的计划思维可以非常轻松地解决人生中的绝大部分事情。但是即便对专业的项目管理从业者来讲，用 Project 等软件来管理时间计划也太“重”，何况对于大多数非项目管理从业者。此时我们需要用更轻量的模式去管理人生中每一个大大小小的事项和计划，去管理时间。这个轻量化的工具就是 Excel，Excel 的作用不仅仅体现在计算和表格层面，用来做计划管理也是极好的。

3. 待办事项管理：奇妙清单 APP 和手机日历

我们每天、每周、每个月都会有很多需要做和计划做的事情，也很容易忘掉做一些重要的事情，为了避免忘记，我们总是在不断提醒自己，久而久之，紧张和压力让我们越来越神经衰弱。使用一些待办事项管理类的 APP 比如奇妙清单，可以很好地管理和提醒我们按限定计划完成日期内的待办事项，奇妙清单也可以和手机自带的日历做无缝衔接，这样我们就不用费神费力去记忆和提醒自己要做的待办事项，就像有了一个从来不会犯错的秘书在无微不至地为我们服务。

4. 个人知识库管理：印象笔记

在知识爆炸时代，我们接触的信息越来越多，甄别有用信息的成本也越来越高，我们经常在需要用到之前看到的信息的时候却再也找不到，这个时候我使用印象笔记来帮我进行个人知识库的管理和个人知识体系的建设。类似的工具有很多，比如网易出品的有道云笔记等。无论是印象笔记还是有道云笔记，都可以轻松地帮我们随时随地把重要的信息收入囊中，打造第二大脑。

除了这四个软件组合之外，我也使用了一系列硬件提升我的时间管理效率。工欲善其事，必先利其器，手机在我手中不仅只有社交这么简单的功能，我已经把手机变成了一个强大的学习终端，手机搭配蓝牙音箱、蓝牙耳机，笔记本搭配大屏显示器，已经成为我个人生产力提升的主要硬件配置。我的主要工具利用场景如下所示。

- 在家收听工具：手机＋蓝牙音箱
- 室外收听工具：手机＋主动降噪耳机
- 室外收看工具：手机或者 Kindle
- 运动收听工具：手机＋运动蓝牙耳机
- 主力工作工具：笔记本＋外置大屏显示器

时间精进框架构建六步走

当我们了解了时间的本质和时间精进的七锦囊后，如何一步一步构建自己的时间精进框架呢？

时间精进第一步：记录时间去哪儿了

我们在面对问题或者一件待办事项时，往往容易不由分说，立马开工着手去做，一些不明真相的领导也鼓励这种行为，并认为这是执行力强的表现。《人类简史》告诉我们，之所以这样是因为几十万年来人类的基因遗传使然，原始社会容不得我们丝毫犹豫，一旦犹豫，猎物可能就跑掉了；一旦犹豫，稀缺的食物就被别人吃光了；一旦犹豫，自己可能就被猛兽吃掉了。不过时过境迁，在今天这个异常复杂、充满变数的社会，如果我们不提前思考、提前规划，最终的结果很可能事与愿违。时间精进的高手并不会马上去执行一件刚刚收到的任务，而是首先进行时间安排。在进行时间安排之前，作为菜鸟的我们需要从识别过去的时间如何用掉开始，也就是第一步，记录我们之前的时间都去哪儿了。

深入来讲，不只是时间精进，面对任何问题，当我们想找到问题真正有效的应对方案时，首先要做的并不是立刻起草应对方案，而是回过头来审视问题的客观表象，基于客观表象去探寻背后的根本原因，最后才是制订应对方案。世界上所有问题的解决，复杂也好、简单也好，都遵循如下这个基本的规律：

就像电影《侏罗纪世界》中的欧文，如果想驯服迅猛龙，那么就需要和恐龙朝夕相处，了解它的习性；如果我们想说服老板，就需要了解他的风格；如果想成功追到女朋友，就需要了解她的喜好。同样，如果想管理好自己的时间，我们需要了解之前我们是怎么使用时间的。这是时间精进的第一步，是打基础的关键一步，是问题解决规律三部曲中“问题表象”这一步。

为什么一定要记下来呢？很多朋友会有这样的疑问，认为这样有点浪费时间。心理学家早已经通过实验的方式给了我们答案——人对时间的感觉最不可靠。心理学家曾经把一组人关在黑暗的房间里，然后评测他们对时长的判断，结果有人对时间估计过长，有人估计过短。这也许就是“度日如年”“一日不见，如隔三秋”的根源所在。如果完全依靠记忆，我们真的无法准确洞察自己的时间是如何耗尽的，停留在脑海里的仅仅是对最近事务的印象，而就连这些印象也很可能是碎片化的，很难让我们分析出当下时间精进的问题和症结，所以“好记性不如烂笔头”，一定要记下来。

感谢这个移动互联的时代，我们完全可以把这一步交给工具，而不是自己的大脑。身处科技时代，我们不用像以前那样随身带一个本子去记录，而是利用好每天跟我们形影不离的手机就可以了。物尽其用，手机是一个非常棒的随时随地记录的好工具。

拿我举例，我曾经在印象笔记中创建了一个时间记录表，用这个表格来记载自己的时间去向。当然我们也可以用任何方式在手机中记录，比如用手机自带的记事本，用移动版 WPS，甚至用手机自带的日历。我在时间记录表中将 24 小时划分为 24 个时间切片，每个时间切片为 60 分钟，时间记录表一共持续 7 天。

为什么要连续记录 7 天呢？因为对大多数人来讲，7 天是一个相对完整的周期。从周一到周五，我们每个工作日的工作重心是不同的，另外连续 7 天可以横跨工作日和周末，而我们对周末和节假日的时间安排也会和工作日不同。建议根据自己的时间使用习惯，选取一个完整的周期，保证我们时间记录样本的可参考性。

为什么时间切片是60分钟呢？首先时间切片的颗粒度不能太粗，因为我们每天的时间并非一整块，而是被所填充的事项切割成了或长或短的一段又一段时间片，如果颗粒度太粗，一个时间切片内可能充斥着好几个工作事项，而当一个时间切片内有且只有一个工作事项时，时间记录才会有效；其次时间切片的颗粒度不能太细，太细会导致记录成本太高，我们需要频繁中断手头的工作去记录时间的花费，所以需要让时间切片颗粒度在记录量和准确度之间取得一个最佳的平衡，这个取决于我们的工作项性质。

根据教育心理学对成人学习注意力曲线的研究，成人的注意力集中时间在50分钟左右，所以时间切片的颗粒度最好在50分钟左右，避免影响注意力的集中。我取了最接近50分钟的整数，即60分钟，也就是1小时。

接下来的问题是，我们需要多久记录一次呢？每个人的基因深处都刻着两个字："惰性"，很多事情我们都会不由自主地拖到最后那一刻才去完成。多久记录一次取决于自己的记忆力，只有记录准确，才能为时间精进后面的步骤奠定基础。可惜记忆力并没有我们想象的那样可靠，正因如此，我建议每经过一个时间切片就记录一次，而不是当天结束甚至过了好几天后才想起来记录，那个时候我们很可能已经忘掉了大部分事项，失去了即时记录的准确性。

不过并非没有例外的场景。当我们工作、学习进入心流状态时，可以等结束后再去记录。心流是心理学对人们专注进行某件行为时所表现出的心理状态的称呼，每个人或多或少都曾经有过这样的感觉，当我们全神贯注投入某件事项时，周围仿佛一下子安静了起来，世界上仿佛只剩下自己和正在做的事项，当我们看表的时候惊呼时间怎么过得这么快，不知不觉3个小时已经过去，这就是心流状态，也是非常宝贵的体验。处于心流状态时效率往往最高，当我们处于心流状态时，不必遵守每个时间切片都记录的要求，在心流状态结束后将时间切片补上即可。

我知道做这项工作很难，也很烦琐，需要向自己之前的习惯挑战，但是万事开头难，这一步就像中医的望闻问切，只有知道了之前时间的准确去向，我们才能在这个基础上作出时间精进的改变。为了能够坚持下去，这里有两个技巧可以陪我们走完这 7 天。

第一个技巧是借助工具的提醒功能。使用闹钟、日历、手环等工具的整点提醒功能，提醒我们及时记录时间切片的使用。比如当我到追溯自己的时间都去哪儿了时，我特意安装了一个整点提醒的 APP，每到整点 APP 发出提醒时，我就会立刻打开印象笔记，记下刚才 1 个小时自己做了什么事情，整个过程看起来比较烦琐，但是全部做下来只需要花费 30 秒。

第二个技巧是进行及时的自我奖励。为什么我们玩游戏会乐此不疲？其中一个很重要的原因是游戏的即时奖励特性。借鉴游戏的这个特性，我们给自己每天时间切片记录的完成设置一个小奖励，7 天时间切片记录的完成设置一个大奖励。奖励什么根据自己的刚需而定，最好能够切中自己的需求，这样激励效果最好，比如我每天完成时间记录后奖励自己一集最爱的美剧，一周完成后奖励自己一次旅行。

时间精进第二步：归类时间

能够走到第二步，就已经成功了一半。我曾经观察过很多朋友在时间管理方面的执行路线，发现有至少 50% 的朋友止于第一步，毕竟万事开头难，就像汽车在打火发动时的油耗最高一样，时间精进的起步阶段需要改变我们固有的时间模式和思维习惯，而这个改变往往最难。恭喜大家开局成功，顺利拿到了自己 7 天的时间记录，但是这个仅仅是时间记录的历史数据而已，这些历史数据此时看起来非常凌乱，仅仅是原生态的数据，其本身对我们的时间精进来讲并没有多大的价值，只有对这些原生数据进行加工处理，原生数据才能转化为践行时间精进的信息为我们所用，因此第二步是对时间记录表中的原生数据进行归类和分析。

我们可以从“重要程度”和“紧急程度”两个维度对时间记录表中的数据进行归类，即二维分析法。

紧急程度用来定义一件工作事项是否紧急。在我们归类之前，请先更新自己对紧急的认知，也就是并非当下所有的工作事项都十分紧急，很多时候我们认为紧急的事项过后发现并不紧急，过段时间再做其实没什么影响，甚至现在做根本不具备条件，纯粹是浪费时间。紧急程度的判断需要对当下做和未来做的收益和损失进行对比，无论是收益还是损失，判断其是否和时间点密切相关，假如这件事项属于“过了这个村就没这个店”，就可以定义为紧急；如果这件事项现在做和以后做可以达到差不多的效果，就是不紧急的事项。

重要程度用来定义一件工作事项是否重要。同样，并非当下所有的工作事项都十分重要，很多时候我们认为重要的事项其实并没有想象的那么重要，一个事项是否重要可以通过做和不做的结果进行对比，做这个事项，会不会对目标达成有重要的价值？相反，不做这个事项，会不会难以承受其带来的损失或者负面影响？对帮助或者损失的衡量标准最终取决于自己的人生清单，可以简单地认为人生清单上面列出来的都是重要的事项，因为人生清单是我们此生追求的目标。当我们需要去定义事项重要程度的时候，回过头来看一看时间记录表中的事项，是否可以促进人生清单的实现，如果是，那说明是重要的事项；如果不是，那说明它不重要。当然，同一件事项很可能对某一个人是重要的事情，但是对另一个人却不是，因为彼此的人生观不同，人生清单也不同。

最终我们可以把每个时间切片做的每件事项都用“工作二维法”归类，另外，人生清单是我们此生追求的目标，而这个目标实在太重要了，所以一并建议你将时间记录表中的事项也进行人生清单的归类，把每个时间切片做的事项对应到自己的人生清单中，如果发现做的事项不属于任何人生清单，千万不要勉强，填写“不适用”即可。

A	B	C	D	E
天	间段	事项记录	职场清单归类	时间四象限归类
星期一	07:00-08:00			
星期一	08:00-09:00			
星期一	09:00-10:00			
星期一	10:00-11:00			
星期一	11:00-12:00			
星期一	12:00-13:00			
星期一	13:00-14:00			
星期一	14:00-15:00			
星期一	15:00-16:00			
星期一	16:00-17:00			
星期一	17:00-18:00			
星期一	18:00-19:00			
星期一	19:00-20:00			
星期一	20:00-21:00			
星期一	21:00-22:00			
星期一	22:00-23:00			
星期二	07:00-08:00			
星期二	08:00-09:00			
星期二	09:00-10:00			
星期二	10:00-11:00			
星期二	11:00-12:00			
星期二	12:00-13:00			
星期二	13:00-14:00			
星期二	14:00-15:00			
星期二	15:00-16:00			
星期二	16:00-17:00			
星期二	17:00-18:00			
星期二	18:00-19:00			
星期二	19:00-20:00			

数据归类后，接下来需要对数据进行分析。数据分析的目的在于挖掘过去时间管理中可能被自己忽略的问题，或者识别出自己是否在南辕北辙式地“瞎忙”。可以借鉴时间管理的四象限对相应象限的时间切片进行累计计算，也就是分别计算出“重要紧急”“重要不紧急”“紧急不重要”“不重要不紧急”的总时长，这个分析结论反映了过去 7 天内我们的时间到底用在了什么类型的事项上，是每天都充当“救火队员”呢，还是每天都能够运筹帷幄之中，决胜千里之外。

最终分析之后能够得到下面的分布饼图。

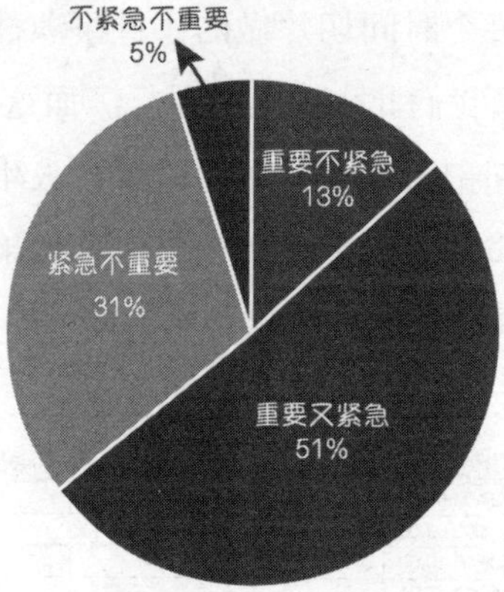

这个分析饼图能给我们带来什么启示呢？不重要不紧急的事项，我们只用了 5% 的时间去处理，可见在这一点上自己做得非常好，值得继续保持，但是我们却花费了 80% 以上的时间在处理紧急事项，就像一个疲于奔命的救火队员，哪里有问题就扑到哪里去，与其说我们在进行时间管理，不如说时间在管理我们。每天被推着往前走，每天所做的事项并非基于目标的安排，而是突发紧急事项的安排，这样下去，虽然自己觉得每天都很充实，也很辛苦，最终却不一定能够实现目标，因为我们已经在紧急事项的包围中迷失了初心。

按照人生清单列表归类时间切片后，最终能够得出下面这个分析结果。

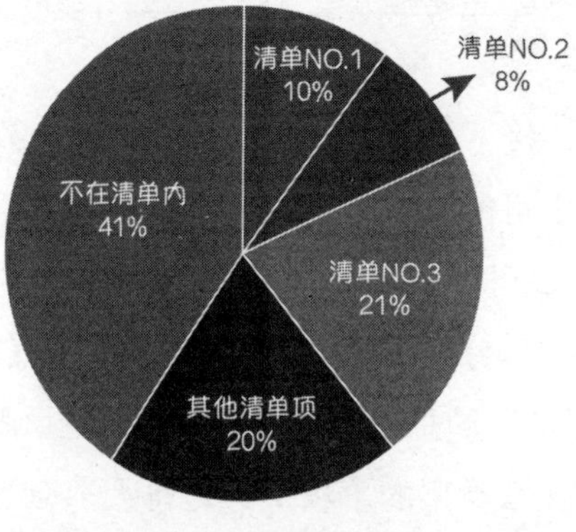

从这个分析饼图中能发现什么？我们每天有 41% 的时间并没有用在人生清单列出的事项上，也就是说有将近一半的时间在做与目标无关的事项，对人生清单排名前三的目标事项每天只投入了 39% 的时间。

是不是结果非常触目惊心且出乎意料？如果感到触目惊心，我们就了解到了第一步和第二步的价值所在。通过时间记录和对记录的归类分析，我们才可能真正意识到时间管理的根本问题和价值，只有真正意识到时间管理的根本问题，才有可能在时间精进上做出针对性的改变和提升。如果没有第一步和第二步的分析，我们很可能会陷入麻醉的忙碌中沾沾自喜，以为自己的时间管理做得非常好，每天都在做那么多事情，解决那么多问题，可惜这些很可能只是表面的繁荣，仅此而已。

通过第二步分析，了解了根本问题之后，在考虑怎么办之前，我们需要再次思考一下时间管理四象限的作用和意义，下图列出了经典的时间管理四象限，分别对应“重要又紧急”“重要不紧急”“紧急不重要”和“不重要不紧急”的事项。

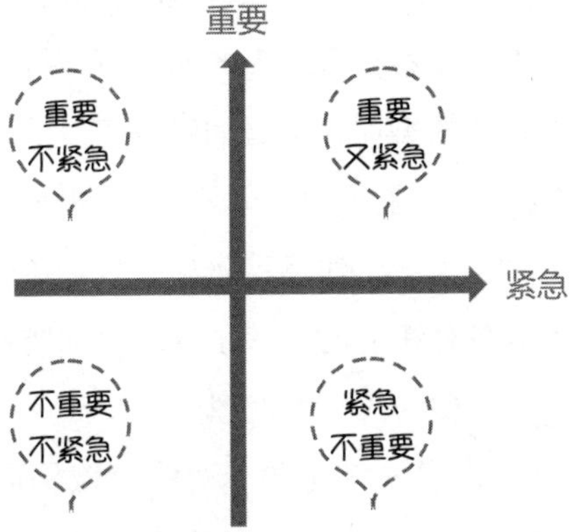

我们尝试回答如下两个问题：

- 你平时投入最多时间的是哪个象限？
- 你认为哪个象限应该投入最多时间？

重要和紧急哪个优先其实是一个很有意思的话题，思考一下会发现，大多数人平时做得最多的是“紧急又重要”和“紧急不重要”，其次是“重要不紧急”和“不重要不紧急”。古语说“人无远虑，必有近忧”，但是使用批判性思维再深入思考，会发现如果一直有近忧，则永远没有机会和时间去远虑。

把紧急摆在第一位的后果是，我们将不自觉地陷入“紧急”的泥淖中，在泥淖中不断挣扎，处理一个又一个扑面而来的紧急问题，我们拼尽全力去“救火”，然后只能收获短暂的成就感，周而复始，天天如此。也许救火的对象和内容不同，但是改变不了“救火”的本质。长期处于应对紧急事项的状态中，日积月累的精神压力和身体压力足以让我们丧失曾经的成就感和幸福感，就像前面提到的，永远被时间推着往前走，很快走完单调的一生，这不是我们想要的人生！

重要事项和紧急事项区别在于，重要事项往往并不能在当下就给自己带来立竿见影的效果和成就感，甚至很可能会带来挫败感，但是重要事项给我们带来的收益会随着坚持而呈现累积和叠加效应。即便当前我们能够获取的收益微乎其微，但是只要在用心做，只要坚持下去，就会奠定未来从容和成功的基石。比如指导下级而不是代替下级开展工作这个事项中，工作是紧急的，指导下级是重要不紧急的，只有坚持做指导下级这件重要不紧急的事项，未来才不会有过多的紧急事项打扰我们；比如带父母去度假是一件重要不紧急的事项，但是如果我们一拖再拖、拖到父母已经年迈无法远行时，拖到变成了重要又紧急的事项时，就会让我们遗憾终生；比如当孩子年幼时，为了工作牺牲陪伴、教育孩子这件重要不紧急的事项，等到孩子长大后各种叛逆时，孩子的教育问题变成了重要又紧急的事项，此时不得不付出更多的代价来处理。

从时间管理四象限来说，首先要应对的应该是重要不紧急事项，至少我们应该强制从时间板块中切出固定的比例留给重要不紧急事项，否则不紧急的事项很容易为紧急的事项让步。当我们坚持留出时间去处理重要不紧急的事项，一段时间后，紧急事项会越来越少，时间才会越来越可控，我们才能从真正意义上成为时间的主人，享受时间精进给自己带来的成就感和幸福感。

到底哪些事项重要不紧急，哪些事项重要又紧急呢？事项的划分取决于自己的人生清单、取决于自己的人生观、价值观，而非一概而论。但是从普遍意义的角度，我提供了四个象限的参考事项清单——仅仅是参考而已，我们需要结合自己的情况，深度思考后进行事项的象限分类，而不是照搬。人生无法照搬，时间管理四象限也是如此。

重要不紧急清单参考

- 反思和总结
- 读万卷书
- 学习、掌握一项新技能
- 尝试改变思维模式
- 培养员工成长和进行绩效辅导
- 规划业务和产品线
- 客户关系维护
- 跑步等健身运动
- 多陪伴父母，带父母去旅游
- 陪伴和教育子女

重要又紧急

- 项目危机处理
- 骨干离职应对
- 绩效考核和评定
- 招投标方案撰写

紧急不重要

- 一些无聊电话
- 一些无效会议
- 常规例行工作
- 不速之客到访

不重要不紧急

- 浏览八卦新闻
- 刷朋友圈和微博
- 围观地铁冲突
- 吐槽抱怨

时间精进第三步：建立我们的第二大脑

据媒体报道，现在每个人每天接收的信息量相当于之前 174 份报纸的信息量，更有夸张的说法是每个人每天接收到的信息量是古人一年的信息量。无论这些说法是否有科学根据，至少我们绝大多数人正在遭受信息过量的困扰。每天各种电话纷至沓来，手机上各种弹出提醒应接不暇，社交软件上的新消息此起彼伏，打开新闻 APP，未读新闻蜂拥而至，打开电商网站，瞬间被选择困难症击垮……

我们的大脑已经不堪重负。大脑的优势在于思考而非记忆，想想自己现在是不是已经忘记上学期间学的各种公式、算法？相反，随着经验的积累和阅历的提升，我们看待问题已经更加深入，对问题的思考也更加深刻。记忆永远都是过去的，只有思考才能创造未来。通过思考去驱动创造力，这也是素质教育和应试教育理念的差别之一。

让自己的大脑远离超负荷运转，是时候建立我们的第二大脑了，通过第二大脑来解放自己的大脑。所幸移动互联网在带来信息大爆炸的同时，也带给我们很多建立第二大脑的选择。

我们的大脑用来负责规划、思考、运算，做大脑最擅长的事项，而我们的第二大脑用来负责存储、提醒和显示。可以用作第二大脑的工具有很多，完全可以把清单类 APP、日历、印象笔记、有道云笔记等工具

作为第二大脑去使用。当把所有计划要做的事项扔给第二大脑后，我们就不用再反复记忆这些事项，时间到了第二大脑会发出提醒，那个时候再去想、再去做，这样我们的大脑会轻松很多。我们也可以把生活中、阅读中灵光一闪的奇思妙想或者引起共鸣的文章片段一键转入印象笔记中，通过定期的整理和提取，令其成为自己知识体系的一部分。

时间精进第四步：收集代办事项到第二大脑

当选择好第二大脑的载体工具后，接下来就是让我们的大脑和第二大脑协同工作。

我们每天遇到的待办事项不外乎两大类，一类是能够预测到的，也就是在计划内的事项，比如根据人生清单分解得到的事项大部分就是计划内的事项；另一类是计划外、无法预测的突发事项，比如突然造访的客户、突然下发的任务、甚至是突然延期的航班等。

无论是计划内还是计划外的事项，都可以分类到“复杂的长期项目”和“简单的待办事项”两个维度中。

对于“复杂的长期项目”，我们可以借助思维导图工具理顺实现的思路，并进行步骤化分解，分解的成果也分为两类：一类是简单重复类型的事项，比如关乎健康的每天午休、关乎复盘的每晚总结、关乎理财的每月工资日购买基金等，这些可以放入第二大脑的清单 APP 中，通过清单 APP 的定期提醒功能解放自己的大脑；另一类是一次性的步骤化事项，比如关乎经营目标的销售 PPT 撰写，关乎出书的周末写书排期等，这些可以放入计划 Excel 中。

对于“简单的待办事项”，尤其是突发的事项，我们在收到待办事项时，要么立即完成，要么立即列入清单 APP 中。这里面的关键词是“立即”，对于在识别的同时就能分分钟完成的事项，完全没有必要再列入清单 APP 中，我们不需要力求清单 APP 包含事项的全面性，比如既要包含已经完成的，也要包含没有完成的，只要求清单 APP 包含计划完成的事项即可。

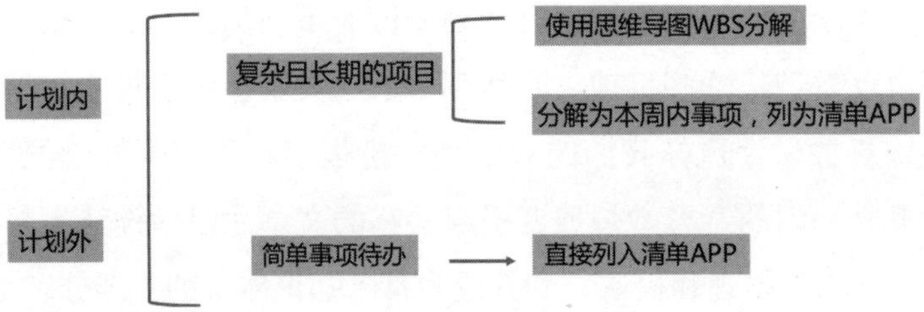

时间精进第五步：两个大脑的管理

当创建并完成第二大脑的事项归类后，接下来就是两个大脑的管理工作。这一步非常重要，往往需要改变之前的时间管理习惯，而习惯却是最难改变的。但是一旦改变成功，好的实践自然也成了好习惯，后面就可以顺风顺水地享受时间管理的红利。两个大脑的管理同样可以按照时间四象限理念去执行。

针对重要不紧急的事项，我们一定要有足够的魄力投入“重兵”，如果不想一辈子都做忙忙碌碌的“救火队员”的话。针对重要不紧急的事项，每天锁定分配的时长，避免被紧急事项侵占。考虑到重要不紧急的事项大多数需要深度思考，所以尽量安排在不容易被打扰的时段和整块时段来完成，而且此类事项关乎我们的人生清单，所以大多数需要亲自去做。

针对重要且紧急的事项，要在第一时间处理掉，不然这些事项会在脑海中挥之不去，给我们带来不必要的精神压力。对于这类事情，可以考虑“自己亲自做＋授权/培养他人做”相结合的原则，逐渐减少此类事项的比重。

针对紧急不重要的事项，还是要学会授权并培养他人去做，让自己能够抽身出来处理重要不紧急的事项。有些朋友说，我是职场小兵，没有什么权力怎么办？这里的授权并不需要有权力，授权背后的思想是借助周围资源去完成，而不是自己亲自完成，本部门同事、跨部门同事、客户、供应商，甚至上级都是可以考虑借助的资源，借助资源的力量实现自己的目标，并不一定要求对所借助的资源有所有权。

针对不紧急不重要的事项，要学会拒绝，减少此类事项，非做不可的话可以安排在非黄金时段去执行。

时间精进第六步：持续总结思考和改进

学如逆水行舟，不进则退，时间精进也是同样的道理，只有在尝试中不断调整自己的方法和策略，我们才能最终真正驯服时间这头巨兽，所以每天早上、每天晚上、每周末都需要总结思考和持续改进。

每天早上查看当天的代办事项和时间使用重心，做到心中有数，避免白天忙着忙着就忘记了今天待办事项或者重心的尴尬局面。

不需要当天解决的突发事项先扔到“收件箱”，每天晚上清空“收件箱”，对“收件箱”中的事项设定开始或者完成期限，也可以分派给其他人来完成。

每周末回顾本周完成情况，总结做得好、需要继续保持的地方，以及需要进一步改进的地方，然后更新和制订下周时间安排计划。

只有这样，所有的事项才能做到井井有条，我们才能真正实现自我管理和时间精进。

学了那么多道理，依然过不好这一生；学了那么多时间精进的技巧，依然败给拖延症。你是这样吗？

我想说的是，拖延是正常的，特别是面对复杂而棘手的问题时，不拖延才不正常。

面对拖延，我们首先要做的是接纳拖延、拥抱拖延，就像拳击手在比赛中难以招架住对手时，会先抱住对手那样。

其次，很多人之所以拖延，其实是结果和预期不匹配造成的。对即将要做的事情预期过高，为了避免预期无法实现的打击，就拖着不做，因为拖着不做至少在理论上还有希望存在，即使只是个白日梦。降低预期，对大多数人解决拖延习惯有很大的帮助。当你在头脑中考虑了最坏的结果，潜意识里就会逐渐接受这个结果，你会发现，这件事即使做砸了也没什么大不了。对大多数人而言，最难的是开始，一旦开始了，工作效率就不是问题。

最后，面对拖延，你同样可以用时间精进七锦囊和框架构建六步走来应对，比如构建整块时间和不受打扰的环境。我工作效率最高的环境是飞机舱。密闭的空间、周围是陌生人、没有网络、没有电话、没有任何打扰，带上耳机，放一段轻音乐，心就特别容易静下来，进而快速进入心流模式。一趟飞机行程下来，不但解决了一堆事情，还打发了无聊的时光，总感叹飞机怎么这么快落地了。

战胜拖延、管好时间并不难，只要你对这件事有足够的渴望。

PART 4 沟通精进

沟通不是说话

沟通的两个误区

很多人认为，沟通就是会说话，就是能言善辩，外向的人更会沟通。

我自己就是这种观点的反例。我从小就是一个内向和腼腆的人，动不动就脸红，这个特征一直陪伴我从小学到中学再到大学。至今我仍然清晰地记得，初中有一次晚自习，班主任因为临时有事让我坐在讲台上维持秩序，当我战战兢兢上了讲台后，台下同学哄然大笑，我的脸刹那间通红。大学的时候被迫登台竞聘学生会干部，紧张得要死、声音瑟瑟发抖。就是我这样一个自卑、内向的人，没想到工作后走上了要靠沟通、协调能力而活的项目管理岗位，而且一干就是好多年，同样也没想到近年来我会在国家会议中心500人大会议厅、北京理工大学、霸王课现场，在全国各地利用周末做了一次又一次成功的当众演讲。

想来一切颇有造化弄人的感叹，可以说我在沟通、演讲上的逆袭，给了我很多跨领域的信心，让我能够在经营管理领域或在不同领域遇到打击时，依然保持一份乐观并最终取得胜利，我这么差的沟通底子都可以做到如此，还有什么是不可能的呢?

基于自己这个活生生的案例，我想表达的观点是：沟通能力和性格外向与否无关。有人曾经评价我，没想到我这样内向的人也能够把项目管理做得有声有色。沟通能力和一个人的性格是否外向并无绝对关系，外向的人最直观的表现就是话多，但是话多不代表沟通能力好，一个人在沟通时，只要能够在最短的时间内把想要表达的意思讲清楚，实现沟通的目的，就是好的沟通。

沟通能力不代表是能言善辩。我们对“能言善辩”进行拆解就会发现，前面两个字“能言”代表特别能讲话，但是“能言”仅仅是过程中的表现，在沟通精进中追求的目标不是看谁讲的话多，而是沟通目标的达成，不能简单地将过程中的表现和沟通目标达成挂钩。沟通讲求的是表达的逻辑性和条理性，通过逻辑表达能力将想法有条理地通过“能言”

讲出来，这样才能够达成沟通目标。后面两个字“善辩”代表擅长辩论，辩论的目的是分出输赢和高低，是零和游戏[①]，但是沟通并非都是辩论、并非都是我赢你输，而是让对方能够理解并接受我们的想法，沟通更多场合需要达成的目标是双赢，而非输赢，需要站在对方的角度、秉承同理心去沟通，而非单方面地将对方辩得哑口无言。

向上沟通的说服力

生活、工作中沟通的场景无处不在、无时不在。我问过很多朋友，让他们列出最难的，或者说最不想面对的沟通场景，几乎所有的朋友都说是和上级的沟通、和客户的沟通。无论是上级还是客户，沟通对象有一个共同的特点，就是都掌握着我们想要的资源或者前途，这也是我们觉得困难的重要原因，我们从掌握自己命运的对象手中索取，无异于虎口拔牙。从这个角度看，无论是与上级还是客户的沟通，其实可以归到一类，即向上沟通范畴。

向上沟通从场景来讲无外乎两种，一种是遇到困难或者问题时的向上求助，希望借助上级的资源解决问题；另一种是针对上级布置给我们的任务，我们需要定期或者不定期进行工作汇报。

首先我们看第一种场景，如何向上争取资源，也就是如何从上级那里获取我们想要的资源。

若干年前我曾经在某互联网公司协调战略产品线的整体工作。随着产品线在海外和国内的推进，我所承担的具体工作越来越多、越来越超负荷，负荷到了一定极限，不仅给我的身体带来了隐患，也给我所负责的产品线带来了隐患。此时一个非常严峻的选择摆在我面前，要么我死扛到底，要么我去说服上级解决我日益严重的超负荷现象。

---

① 零和游戏：一项游戏中，游戏者有输有赢，一方所赢正是另一方所输，游戏的总成绩永远是零。现在广泛用于有赢家必有输家的竞争与对抗中。

在我们的成长过程中，孩童时代想让爸爸妈妈给自己买心爱的玩具，学生时代想让老师选自己为班干部，大学时代想追求校花成为自己的女朋友，创业时代想让风险投资人给自己的项目投资，职场时代想在招投标中获胜、想让上级给自己升职加薪等，其实我们都在其中扮演说客的角色，期望去说服他人，进而争取资源。之所以感觉说服很难，是因为如下的客观因素。

（1）所说服的对象并不在自己的掌控范围之内，并且恰恰相反，很多时候对方掌控着我们的命运。

（2）我们说服的目的不是给予而是获取，是从对方手中拿东西和拿资源。给别人送东西和从别人口袋里掏东西的难度显然不可同日而语。

说服上级是所有说服中最具代表性的场景，上级掌握着我们职场的升迁命脉，很多朋友在向上级争取时总是发怵，不知道如何争取更有效，从而退避三舍。无论是主动放弃向上争取还是被动向上争取受挫，往往存在三个关键的思想误区。

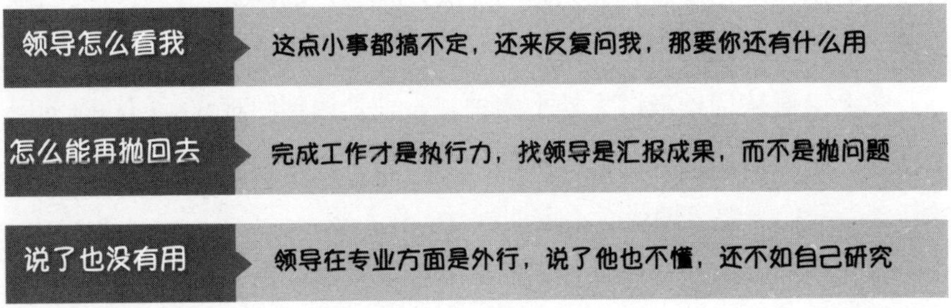
领导怎么看我
这点小事都搞不定，还来反复问我，那要你还有什么用
怎么能再抛回去
完成工作才是执行力，找领导是汇报成果，而不是抛问题
说了也没有用
领导在专业方面是外行，说了他也不懂，还不如自己研究

思想误区一：上级会怎么看我呢？我们往往因为担心在上级心中留下不好的印象，在面对需要上级资源支持时裹足不前。我们经常认为求助上级，就代表自己能力不足，代表无法独立完成工作，这样的话上级以后不会对自己委以重任，自己还如何能有一个好的职场发展？所以宁愿自己死扛，也不愿去向上争取资源。

思想误区二：我们经常认为执行力强的表现是不折不扣地完成工作，当我们去找上级时，应该是去汇报工作成果，而不是去抛问题和寻找帮助。存在这种认识的朋友其实不在少数，而且这些朋友往往是非常勤奋好学、有担当的那一种。

思想误区三：认为上级在专业领域并没有自己精通，所以单方面认为就算找上级也没什么用，上级并不能在这个专业难题上给自己指导和帮助，去找上级还浪费时间，不如自己继续钻研更加实在。

管理上没有绝对的应该和不应该，如果我们错误和片面地解读执行力，所有难题都靠自己去解决、自己去扛的话，一旦最后仍然没有妥善解决，风险累计造成的后果将成倍爆发，这个时候给我们和上级带来的后果和麻烦将远不是当初的量级。只要我们掌握好向上沟通的技巧，非但不会给上级留下负面印象，反而会获得加分效果，一切都取决于沟通方式和沟通策略。上级也许在我们所擅长的专业领域没那么精通，但是现实中我们所遇到的问题往往更需要通过综合能力去解决，同时上级还掌握着比我们多的资源，比如协调其他专家支持的能力。所以把上级当成我们的资源之一去沟通、去使用，才是向上沟通的正确态度。

向上争取是我们每个人绕不过去的一个坎，因为类似的场合太多太多，如升职加薪、扩充招聘、业务拓展，以及前面我遇到的工作超负荷等。超负荷工作会带来什么问题和囧境呢？我们看看下面这个因果图。

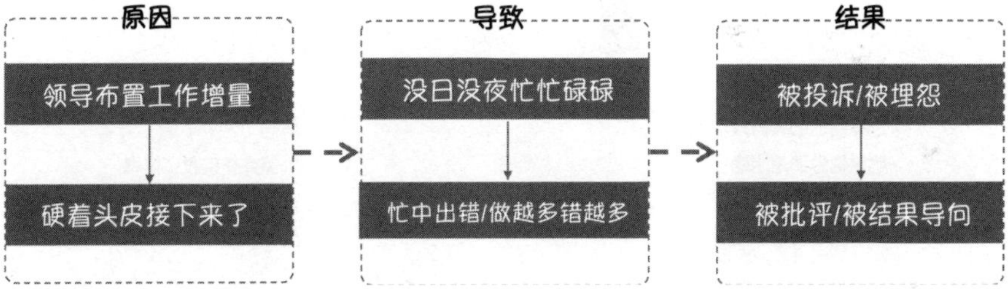

同样的困境也发生在我的朋友小漫身上，她在微信上向我倒了一肚子苦水：上级给她分配了太多的工作，那段时间没日没夜地忙，忙中就容易出错，出现了一些不应该犯的低级错误，然后被其他部门的同事投诉，接下来的结局可想而知，她被部门上级骂了一顿，心里那个委屈啊。

我问她为什么不早一点向上级反映自己工作超负荷，她说一方面是因为不好意思，另一方面也不知道如何拒绝，只好硬着头皮接了下来，可惜结果让她叫苦不迭，负面情绪一箩筐：

- 出力不讨好
- 活越多，出错越多
- 升职加薪没有我，加班干活总有我
- 我问提出的问题就要我来解决，我还敢再提问题吗？
- 给我布置这么多工作，还被骂，是不是想赶我走？

……

上级没有错，作为分配任务的一方，对任务本质的理解最深刻、最到位，上级在通过沟通将任务下发给员工时，按照沟通学中的沟通模型，需要经过信息编码、沟渠渠道才能到达员工，员工需要经过信息解码才能了解到任务的范围和要求。沟通学中的沟通模型如下图所示。

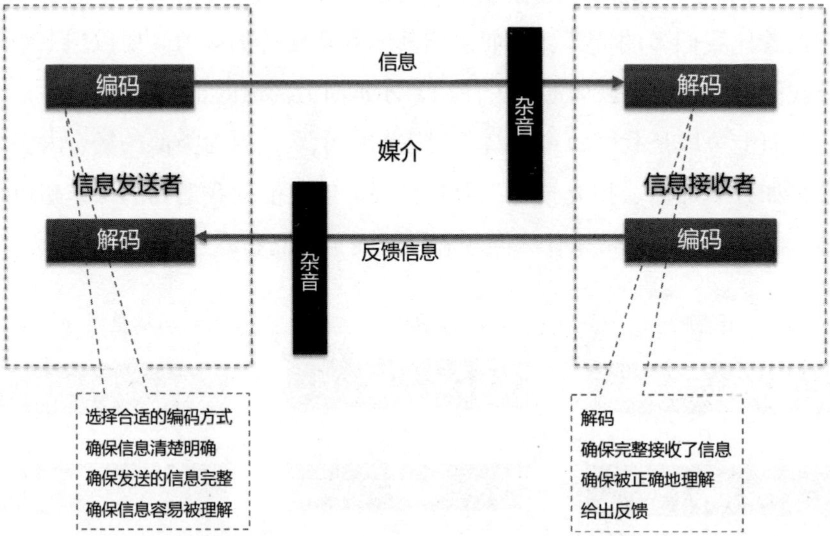

将头脑中的想法转变成口中的语言，这个过程叫编码。很多时候我们头脑中所想的事项不知道如何表达出来，这时就是编码系统出了问题，而编码系统能够准确、全面地将想法通过语言展现出来，背后依赖的是总结能力、归纳能力、逻辑能力和洞察能力。

沟通方式有很多种，比如面对面沟通、邮件沟通、即时通信软件沟通、会议沟通等，不同沟通媒介有不同的使用场合和使用场景。

将对方的表达转化为自己的理解，这个过程就叫解码。有句话叫作“说者无意，听着有心”，还有句话叫作“一千个人眼中有一千个哈姆雷特”，不同的人对同一段话的理解之所以会不同，是因为不同人的知识结构、文化背景、理解能力千差万别，再加上职责不同，造成了解码的差异。

从编码到解码的过程中，或多或少都会有杂音的干扰，这里的杂音除了不同的文化背景、价值观、人生观和认知程度之外，还有两个容易被忽略的因素：其一是情绪的干扰。沟通过程中70%的信息是通过表情、肢体语言获取而非言语本身，说的就是这个道理。如果带着情绪去沟通，那么对方表达的内容往往被忽略，我们更加关注对方的语气是不是在挑衅，聚焦于如何反驳对方的观点，而无关对方观点正确与否。这往往是沟通中最大的杂音，但是我们却常常视而不见；其二是走神。走神是经常发生的事情，特别在感觉对方的表达和观点有些无聊，感觉不耐烦的场合，我们的大脑会不由自主地神游。杂音会让我们听到的有效信息大大衰减，继而造成沟通障碍。

沟通学上有个沟通漏斗的概念，如下图所示，我们心里想的经过层层沟通漏斗的衰减后，到了对方行动时，只有 20% 的残留。

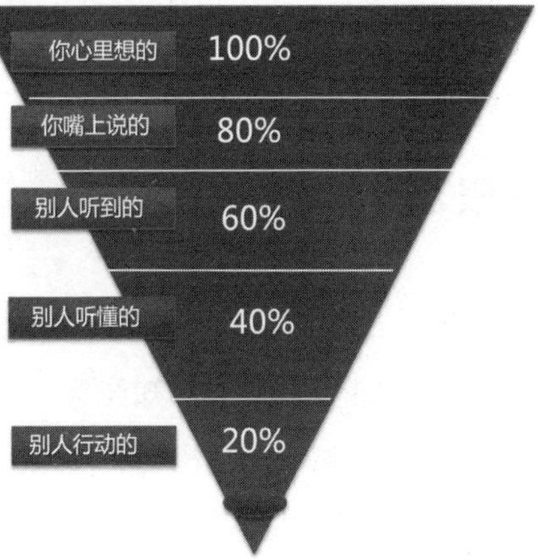

如果上级基于自己的理解去评估下级对任务的完成难度和完成用时，那么冲突和问题自然就出现了。

小漫也没有错，作为任务的执行者会遇到各种各样始料未及的问题和障碍，而执行者往往有口难言，任务量一旦超出自己的承受阈值，更容易应接不暇，出错在所难免。

我相信 80% 的小伙伴都曾经有小漫的遭遇，若干年前的我也曾经深陷其中，境遇跟小漫如出一辙，当时自己还没法反驳，因为一句“结果导向”立马可以让我百口莫辩。结局可想而知，心里委屈，领导还不买账。

作为职场上辛苦打拼的每一个人，面对掌握我们在公司前途的上级，面对上级超量式的任务分配，如何进行巧妙的说服是一门深厚的学问。

很多朋友在遭受上面的窘境时，第一反应就是到处诉苦，找同事吐槽、抱怨。性格刚烈的朋友会直接硬碰硬，顶撞上级；性格隐忍的朋友可能会心灰意冷、消极怠工。种种想法和做法百害而无一利，消极的想法和做法只会让自己的工作表现持续恶化，只会让我们和上级的矛盾日益加深，甚至到无可挽回的局面，之前的付出将颗粒无收！

也许此时有朋友会想到跳槽，但是跳槽不能解决根本问题，甚至会让这个问题不断累积，最终给自己的职业生涯带来不可逆转的危害。不改变思想认识、做事方法，遇到同样的问题，还会导致同样的结果，这时我们怎么办？继续跳槽？

直面问题、解决问题才是我们正确对待工作的方式！

向上沟通的正确说服之道

“知己知彼，百战不殆”这句话几乎是所有问题的终极解决思路。在说服力层面，我更倾向于“知彼知己”，先去“知彼”，再去“知己”。

请朋友们参考下面的知彼清单，列出自己个性化的知彼清单。找一个安静、不被打扰的环境，认真思考并在白纸上写下我们的答案，而不是仅仅在脑海中想想。一定要写出来，我们会惊叹于想法写成文字后所带来的力量！

1. 领导为什么要安排这些工作给你而不是别人？

2. 安排给你的每一项工作的完成对领导有什么具体益处？

3. 安排给你的每一项工作，领导心中的完成标准是什么？

4. 安排给你的每一项工作，领导心中的完成时间是什么？

5. 安排给你的每一项工作，领导心中的优先级次序是什么？

6. 领导的管理风格是什么？

7. 怎样交付工作才能让你的领导惊喜？

然后再参考下面的知己清单，列出自己个性化的知己清单。

1. 你目前的工作事项列表都有哪些？

2. 每项工作的频率，也就是多久做一项工作？

3. 每项工作的工作量，也就是要多长时间完成一项工作？

4. 每项工作的工作方法是否已经优化到极致？

5. 你自己的可支配时间有多少？

针对知己清单的回答，可以填写如下的工作量估算表。

序号	事项	频率	每次工作量	每周工作量	备注
1					
2					
3					
4					
5					
总计					

当然，我们不能把这个表直接扔给上级，否则上级会感觉我们在蓄意踢皮球，而且这皮球踢得让上级无法反驳，我们的目的不是让上级陷入尴尬境地，而是要帮助上级解决难题！

如何做呢？这就需要我们结合在“知彼”中对上级的认知，梳理和提供多种解决方案供上级选择，这也是向上说服和争取的关键所在。

通常来说，针对工作超负荷场景的说服争取，解决方案一般有如下四种。

（1）从本部门或者其他部门借调资源。我们可能需要根据公司文化和局势判断是否提出具体的借调资源名单，毕竟从外部借调资源可能会不小心“动了别人的奶酪”引发矛盾，而不提建议又不满足“让上级做选择题而非问答题”的向上沟通原则。资源借调一般由上级来推动和执行较妥，作为收益方，做到“好借好还，再借不难”的三个技巧是：借的时候表示感谢，按照约定按时归还资源，归还资源时再次感谢和评价。

（2）从外部购买和招聘资源。需要注意的是，购买和招聘往往需要一定的时间，因此从提出方案到招聘到位之间的这段空档期需要提前想好如何应对。另外，通过外部招聘来增加资源需要进行长期规划，毕竟上级一般不会因为阶段性的超负荷工作而去招聘长期的员工，我们需要结合工作长期安排、部门发展、人员梯队建设等方面去说服上级，这样成功概率才能更大。购买和招聘资源时需要明确数量、资质、到岗期限等关键因素，方便上级决策安排。

（3）当我们无法从内外部获取资源，只能一个人去战斗时，可以使用优先级排序方案。根据自己的可支配时间，圈定自己能覆盖的高优先级工作，余下的工作简化处理或者延后处理。哪些是高优先级、低优先级，我相信上级心中有一杆秤，我们要做的是通过“知彼”去揣摩上级的优先级，尽可能和上级的优先级保持一致。同时，对低优先级工作并非置之不理，我们需要去评估搁置的风险是否可接受，进而判断是简化处理还是延后处理。此解决方案更适用于工作负荷短期震荡的情况，也就是这种超负荷不会长期持续出现和发生。

（4）当我们既无法获取额外资源，又无法对低优先级工作简化和延后处理时，为了避免影响工作，可以考虑将圈定范围之外的工作申请转出，给其他人或者其他部门。但是需要同时考虑待转出工作和目标接收方的合理匹配度，并且此方案适用于待转出事项属于长期且稳定发生的工作。

所有的说服方案如果想更有说服力，都需要从自己这里获取一个问题的肯定回答，这个问题就是：真的已经努力到无能为力了吗？

很多时候，我们都拿“我已经尽力了”“我已经很努力了”做借口为自己开脱，其实离“很努力”可能还有十万八千里的距离。

努力有两层含义：其一是“体力”层面，我们有没有因为努力而彻夜加班（虽然我不赞同这种做法）？有没有因为努力放弃两小时的聚餐而用15分钟的盒饭打发肚子？有没有因为努力而拉下面子去请教别人？有没有因为努力而不辞辛苦游说众人协调工作？有没有因为努力而自掏腰包搞团队建设？

其二是“脑力”层面：我们有没有思考过怎么才能用更短的时间完成工作？有没有思考过换一种方法可能效果更好？有没有尝试突破既有的惯性思维，从而找到更好的解决之道？

如果我们无法做到“努力到无能为力”，那么这个破绽将成为向上说服争取的漏洞，导致说服力大打折扣甚至失败，所以在抛出说服方案前先问自己这个问题，否则再多的说服方案都不堪一击。

向上沟通的3W1H说服法

针对超负荷工作这个具体的向上说服场景，通过上面的分析，我们拿到了可供上级选择的四个方案。接下来就可以找上级谈话，在谈话时我们可以用“3W1H说服法”。

WHEN：什么时候开展向上的说服和争取？

WHAT：向上说服和争取时谈什么？

WHO：谁来向上说服和争取？

HOW：如何向上说服和争取？

WHEN：什么时候谈？

来自交通警示的“宁让三分，不抢一秒”透露着从容的处世哲学，同样也适用于向上说服和争取。如果我们还没有做好充分的准备，宁愿晚一点也不要急于一时，这是时机选择的大原则。

我们将“与上级的沟通”划分为三个关键时间点场景，如下图所示。

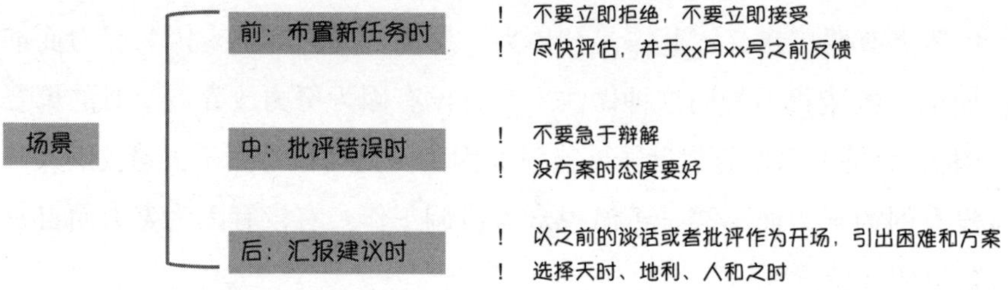

场景一：布置新任务时

当上级布置增量新任务时，就算此时我们已经感觉到超负荷运转，最好也不要立即拒绝，让上级颜面无光；也不要立即一口答应，含着泪水默默咽下。这个场景的重点是了解和洞察新任务的方方面面，以及上级的显性、隐性诉求，最后清楚表达出会尽快评估，并于某月某日汇报反馈的意思。这样一方面给自己争取了评估和思考应对方案的时间，另一方面让上级能够稍微安心。

场景二：批评教育时

当因各种低级错误而被上级批评时，虽然连续超负荷运转多日的我们心有委屈，但是在一方面没有提前汇报风险，另一方面没有想好未来规避方案之前，请先不要急于辩解。因为这时所有的辩解都苍白无力，都会被上级逐一驳回，而且驳回理由总会让自己百口莫辩。此时最明智的做法是承认错误，虚心接受，并且态度积极。

场景三：向上说服争取时

无论向上说服是发生在新任务布置后还是被批评后，接下来的说服争取都可以拿之前的谈话作为开场，从而自然平滑地引出困难、想法和建议的解决方案。和其他沟通一样，选取天时、地利、人和之时进行向上说服和争取，无疑会大大有助于我们的成功。

WHAT：谈什么?

想要成功地说服上级，要做好必不可少的功课。我们在说服时能否占据主动取决于事前做功课的充足度，事前功课的充足度取决于当事人提供的客观和量化信息的详细程度。两眼一抹黑跑去说服上级注定会一无所获。提前做好功课的技巧有三。

（1）顺藤摸瓜：我们很难通过一个人了解到所有的详细信息，也很难在一开始时就清楚地知道要找多少人了解信息。这些往往是在和第一个人沟通的过程中逐渐摸索出来的，采用顺藤摸瓜的技巧掌握自己需要的信息是很有必要的。

（2）打破砂锅问到底：对问题的了解不能浅尝辄止，遇事多问为什么，一定要追问问题背后的根本原因，只看现象而给出的解决方案永远是治标不治本，甚至标也无法治愈。

（3）适当使用会议纪要：纪要的使用有两个场合，第一个是问题本身比较复杂，需要通过纪要的方式确保双方理解的一致和清晰；第二个是需要有一个记录来见证彼此的观点。

当在说服争取现场时，除了谈前面提到的工作量估算表和建议的应对方案之外，所有的沟通内容一定要围绕一个核心主题，这个主题不是自己多辛苦、多么超负荷工作，而是如何解决问题，如何帮助上级排忧解难，如何更好地完成任务。一定要强烈地体现这个主题，并且贯穿整个沟通过程。当然具体如何做，我相信你在前面已经准备好了解决方案，只要顺理成章地引出即可。

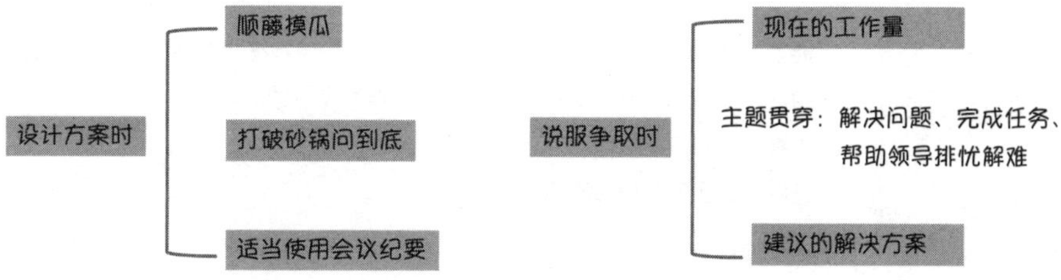

WHO：谁去谈?

谁去说服上级往往是个两难的决定，让具体负责的下属去还是自己亲自上阵呢？有些朋友选择了让下属代替自己去说服和争取，理由有两个：向上争取和说服并不是一件值得邀功的事，担心处理不好反而被上级批评，于是让下属过去找上级沟通，自己隔岸观火再因势而动，占据主动位置。另外一个原因看起来似乎更站得住脚，下属属于直接负责方，对问题的方方面面更加了解，让下属去汇报更加合理。

我想说的是，面对上级时，我们需要展现自己的担当精神和责任感。担当最直接的体现就是面对上级布置的工作，我们要亲自汇报，而不是让自己的下属越级汇报，我们需要对布置的任务了如指掌，而不是做甩手掌柜。从这个维度讲，以上列出的两个理由都站不住脚。

所以亲自去向上争取和说服吧，展现担当的同时也更有说服力。

HOW：如何谈

向上说服争取和其他沟通一样，讲求的是逻辑表达力。可以通过上次谈话引出话题，讲到自己事后进行了反复思考，表达希望得到上级指点的诚恳想法，继而列举自己手头的工作，阐述自己对这些工作重要度和优先级的思考，接下来提出目前情形下对工作质量、工作影响、部门影响层面的担忧并汇报风险，最后针对潜在风险提出自己的解决建议。你可以结合当时的情境采用以上列出的四种方案，当然也可脑洞大开，提出更佳的解决建议。如果用一道大餐来形容谈话时的逻辑性表达，可以分为下图中的前菜、副菜、主菜和甜点部分。

逻辑性表达

- **前菜**：总体概括，从上次谈话开始引出思考，四种建议方案，请领导指点
- **副菜**：目前的工作和工作量、自己对工作优先级的思考
- **主菜**：客观的建议解决方案及优缺点分析
- **甜点**：自己的倾向和原因

最后就是与上级互动沟通、见招拆招的时刻!

当我们做完上面的所有事项后，如果上级是一个称职的管理者，我相信他会认真考虑建议并帮助你解决目前的问题；如果很不幸上级既不采取建议也不给予帮助指导，而是进行强压式管理，那么我们已经提前汇报了潜在的风险，未来一旦问题不幸发生，至少我们可以问心无愧。尽人事听天命!

汇报制胜的锦囊妙计

在学习汇报之前，请先思考一个问题，工作中一直埋头苦干的老黄牛精神到底好不好?

我认为埋头苦干很好，但是一直埋头苦干就不好了!

一直埋头苦干可能会让我们失去方向，很可能等抬起头时发现早已南辕北辙，悔之晚矣。

一直埋头苦干会让我们与他人的协作出现问题，毕竟任何一份工作都离不开与他人的沟通协作。

“像老黄牛一样默默无闻、勤奋耕耘，却始终走不进上级的视线，升职加薪的一直不是我。”很多朋友感叹职场残酷，好人没好报。踏实肯干本身并没有错，但是唯有辅以准确、高效的汇报能力，我们的工作才能实现一分耕耘一分收获。

在这么多年的职场生涯中，我发现了一个现象，大多数人都惧怕汇报，惧怕的主要的原因是怕被拒绝，往往都是被逼到走投无路了才去汇报。

我们和上级关于一项工作的沟通，都是从接受新任务开始，接下来才有了后续的汇报工作。如何能够稳妥得当地接受一项工作，给上级留下靠谱的印象，给自己的后续工作带来帮助，是摆在我们每个人面前的重要问题。在分享接受新任务的三个锦囊前，我希望先探讨一下对执行力的理解，因为这个太重要了，直接关乎新任务执行的结果。

执行力并不是接到上级的任务后马上撸起袖子大干，边干边揣摩上级的意思，摸着石头过河。在工作目标不清晰、上级目的未理解的情况下急于行动带来的是低效率甚至是无效和返工。为了避免这种不幸发生，我们需要如下三个锦囊妙计。

锦囊一：确认新任务的 3 要素

要素 1：这项任务要求什么时候完成？

很多人容易忘记和上级确认工作的完成期限。“越快越好”并不是一个准确的完成期限，很多时候上级喜欢说越快越好，但是上级和下级对快的理解往往并不一致，下级可能决定今明两天先把手头紧急的工作做完之后再去做新任务，没想到第二天上级就过来问做得怎样了，这就是没沟通好完成期限的结果，上级必然不满。

要素 2：这项任务需要做的范围是什么？

新任务的内容和范围是需要清晰了解的主体。职场中很多人经常会提到“方案”两个字，当上级让我们做一个方案时，一定要提高警惕，因为方案可以包含的内容非常多，到底包含什么，不包含什么需要确认清楚，不然提交的很可能不是上级想看到的方案。

要素 3：检验这项任务是否圆满完成的标准是什么？

了解了上级对任务完成标准的看法后，我们才能够站在上级的高度，站在目的的高度去思考和完成这项工作，最终的交付物才能达到上级的期望。

锦囊二：进行复述确认

每个人的从业背景、知识体系和专业不同，往往会造成不同的人对同一件事情的理解不同，而且同一个词语有多种意思，也难免造成不同的理解。就像一个段子里有位美国朋友在访问中国时对翻译说：“你们中国太奇妙了，尤其是文字方面，例如：中国队大胜美国队，是说中国队胜了；而中国队大败美国队，也是说中国队胜了。总之，胜利永远属于你们中国。”

避免理解出现歧义最简单的方式是当上级陈述完毕后，我们用自己的语言组织方式把自己的理解和看法复述出来，如果理解有误，上级就可以识别和指出，这是避免理解歧义和执行走样最有效的措施。

锦囊三：减少信息传递环节

2015 年广州地铁有人晕倒，致大量乘客恐慌奔走。之所以造成恐慌，是因为“有医生吗”传着传着就变成了“有刀”。信息传递经过的环节越多，就越容易失真，口口相传更容易造成信息失真。对于存在多个中间环节的任务传递，我们最好能够和布置任务的人直接确认。如果条件不具备，则建议通过书面的方式进行信息传递，而非口头方式。

主动找上级汇报进度

假如上级布置了一件工作，我们加班干了一个晚上还没有完成，第二天又忙活了一整天和一个晚上后终于完成，由于太晚的缘故没有向上级汇报告知，第三天到公司，上级已经早早等着我们了，见面的第一句话就是：怎么这么久还没做完！

相信听到这样的话，我们会感觉非常委屈，默默连续加班完成了工作却没有得到上级的肯定，出力不讨好。此时的我们反而需要先忘掉委屈，反思自己的汇报是否到位和及时。

站在上级的角度思考，任务布置下去后，如果下级不主动向上级汇报，上级就不知道下级的工作进展，就会担心下级在工作中是否遇到了问题、是否可以在规定期限内完成，心里面的石头就一直不能落地。作为下级，不要等上级找来的时候才去汇报，等上级找来时往往就迟了。主动汇报，不让任务石沉大海，有助于消除上下级由于沟通汇报不畅带来的误解；主动汇报，还能体现自己认真负责的职业精神，让上级知道自己的付出，进而留下好的印象。

一起复盘上面提到的案例，假如第一个晚上加班后，给上级邮件或者电话汇报一下进展，第二天继续这样汇报，我相信最终结局就不是之前的那样。

如何更好地进行主动汇报，如何提升自己的汇报力呢？这里同样有四个锦囊妙计。

锦囊一：汇报频率的掌握技巧

一天之内就能完成的工作，遵循什么时候完成什么时候汇报的原则。如果提前完成就提前汇报，而不是拖一段时间再汇报，假装工作做了很久。提前完成提前汇报，可以给后面的修改留下缓冲时间，另外拖的时间越长，上级对质量的心理期望也就越高，反而得不偿失。

用时较长的工作，要选取适当的区间定期汇报，让上级了解进展。一般情况下，计划一周内完成的工作，每天汇报；计划几个月完成的工作，每周汇报，让上级对工作进度做到心里有数。心理学家告诉我们，每个人都希望一切尽在掌握，只有汇报才能让上级拥有一切尽在掌握的心理满足感。

锦囊二：汇报工作说结果和重点

先说结果，再说原因。这里的结果可以是阶段性结果，也可以是最终结果；原因最好能够对应后续的建议，而非单纯叙述。这个技巧可以让上级感受到我们说原因不是为了推卸责任，而是希望通过原因表达建议和解决方法。如果有问题需要汇报，一定要带着建议一起让上级选择，这才是最佳的汇报方式。对于一些不太善于汇报的朋友，建议汇报之前，在纸上列出自己的汇报思路和要点项，这样在汇报时就能做到重点明确和不遗漏。

锦囊三：汇报时实事求是，不能报喜不报忧

很多人在汇报时，希望只展示自己的成绩，对于存在的问题轻描淡写甚至隐瞒不报，这样只会让问题或者风险累积，最终爆发为致命问题。就算这个“忧”我们胸有成竹可以独立搞定，也建议最好汇报，在汇报的同时展示胸有成竹的方案。汇报时不要用模糊词语，汇报用语一定要准确、清晰。不能做“差不多完成了”“质量还行”“问题不大”等的“差不多先生”。

锦囊四：向上汇报选择天时、地利、人和

《孙膑兵法·月战》里说：“天时、地利、人和，三者不得，虽胜有殃。”向上汇报同样讲求天时、地利、人和。

天时：上级不忙时，或者上级因为其他事情找到我们时，我们就可以顺势请示工作，这样显得非常自然和容易让人接受。

地利：最好在没有第三者在场的情况下汇报，特别是汇报比较敏感的问题或者可能彼此出现观点碰撞的问题。

人和：人都是有情绪起伏的，包括你我的上级，所以注意细心观察上级的心情，当上级心情不好时，尽量避免自讨没趣去请示工作，对同样的一件事情，上级心情的好与坏可能直接影响汇报效果。

汇报的开场制胜

怀揣应对新任务的三个锦囊、工作汇报的四个锦囊，设想有一天，我们遇到了需要上级决策的事情，否则工作无法继续进行下去，我们不得不找到上级，对他说："领导，您现在有空吗？我有工作需要向您汇报。"

上级的回答却泼了我们的冷水："不好意思，我现在正忙，以后再说吧。"

一次在脑海中盘算了许久的汇报设想就这样落幕。想必被上级拒绝的滋味很不好受，但是为什么会出现这种情况呢？

第一，在不了解上级时间安排的情况下，直接让上级马上听取汇报，这样的话术比较生硬，容易引起上级的排斥，何况很可能他真的很忙。

第二，没有在话语中表明需要占用上级的时长，是 10 分钟还是 60 分钟？为了避免仓促答应而可能带来的更长的时间占用，上级不得不拒绝。

第三，没有在话语中表明要汇报的主题，上级无法判断要汇报的内容与他手头正在处理的工作相比孰轻孰重，谁的优先级高。

如何能够开场制胜，让上级没有拒绝我们的理由呢？其实在前面分析被拒原因时，正确的做法已经呼之欲出了，即开场用语的优化和沟通主题的明确。

1. 开场用语的优化

当与上级沟通时，我们可以用"我可以打扰您 1 分钟吗？"作为开场白。一方面，这是一种礼貌的请求；另一方面，开场白明确提出了时长，我想任何人都很难拒绝，除非他真的非常忙，何况领导如果真的 1 分钟时间都没有，你也可以提前觉察，不会在这个时候找上级沟通。

站在上级的立场，“只占用1分钟”的请求，能够让上级没有那么大的时间压力，进而极大地增加上级同意的概率，1分钟只不过是让上级无法拒绝沟通请求的技巧。

2. 沟通主题的明确

开场用语结束之后，不要停顿和等上级回应，而是马上明确说出沟通主题：“关于×××事情，想跟您约一个汇报的时间，大概需要××分钟，您现在有时间吗？或者什么时候有空呢？”这样一方面我们在话术中提供了选择，让上级选择是现在还是以后，体现了上级的时间上级做主；另一方面能够让上级知道汇报的主题，上级可以根据这个主题的重要程度和他自己的时间安排，决定是马上沟通还是定下沟通的时间。不管怎样，我们的目的都达到了。

沟通无易事——写邮件

我曾经对很多朋友做过一个实验，让他们列出沟通中最常用的方式。绝大多数朋友的答案中，排名前面两位的总是邮件和会议。无论是邮件还是会议，都是我们熟悉的沟通方式，几乎每一天每一个人都在用。可惜的是，大多数人的邮件还是写得很糟糕，会议开得还是很低效。市面上教如何写邮件、如何开会的书籍和指导文章随处都是，但是为什么我们还是写不好一封邮件、开不好一场会呢？

“会用”和“用得好”两者之间还有一段距离，绝大多数人仅仅停留在“会用”的层次却浑然不知，如果想达到“用得好”的层次，需要有系统化的训练养成，而非碎片化的技巧学习。

除了邮件和会议，沟通方式还有很多，诸如面对面、电话、微信、视频、备忘录等，都有其各自优势和劣势所在，很少或者过度使用某种方式只会导致沟通失败和效率下降。不该使用邮件的时候滥用邮件，导致收件箱成了垃圾箱；该使用邮件的时候不用邮件，导致事后无法追溯。

邮件的适宜场合是邮件沟通进阶到“用得好”层次前首先需要思考的话题，这个话题的探讨结果可以使用“1个不要和3个要”来总结。

1个不要：沟通过程不要通过邮件

很多人习惯把邮件当成即时通信工具来使用，两个人针对一个简单的问题通过邮件来回讨论好几天，一方面苦了位于抄送列表中的同事们，持续几天收到了十几封没有实质结论的过程讨论邮件；另一方面严重影响效率，两个人一个电话或者当面沟通30分钟就可以解决的问题，结果来来回回拉锯了几天才解决。

3个要：复杂问题的表达要通过邮件；最终结论的同步要通过邮件；重要记录的留存要通过邮件

写邮件是一种书面表达方式，书面相比口头表达更容易把复杂的问题描述清楚，但是很多人认为面临复杂问题时，直接找对方面对面沟通最快。到底哪种说法正确？想要回答这个问题需要深入了解书面和口头的优劣势。书面表达的优势在于其条理性和全面性，如果想把我们头脑中对复杂问题的认知写下来，需要考虑语言如何组织、遣词造句是否准确等，而这些准备无疑能够帮助我们更好和更清晰地描述问题本身；口头表达则没有这么多的考虑，经常是脱口而出，从输出者（说者）角度而言，很容易遗漏重要信息，也很容易使用不准确的描述进而导致对方听不懂或误解，从输入者（听者）角度而言，很容易陷入局部信息或理解误区，进而导致沟通障碍和沟通低效。正是因为这个原因，我们才强调复杂的问题表达最好通过写邮件的方式，但是考虑到口头比书面表达的交互性更好，建议在发出邮件后找到对方面谈，充分结合书面和口头的优势去提升沟通效率和效果，就像两个人面临上山路线选择时，手头有一张纸质地图会更好、更快捷。

相对于沟通过程不要通过邮件来说，最终结论的同步建议通过邮件，这样做一方面能给相关人提供一个备忘和最终明确的结论，确保所有相关人对结论的理解显性化、一致化和清晰化，另一方面很多时候大家口头上认为都明白了，其实内心的理解仍不一致，邮件同步结论可以让这些不一致处显露出来，进而及时给予澄清和解决。

一些重要的记录比如合同修改、范围变更、重大意向达成、重大会议结论等，建议通过邮件方式留存，以便于以后的查找，也能防止以后出现争议或冲突时无书面记录追溯的尴尬和被动。

有效使用邮件从控制邮件数量开始。我们希望邮件箱里面的邮件都是有价值的邮件，而不是让邮件箱成为一个垃圾箱，最终有价值的邮件也被淹没。

在了解了邮件的使用场景后，当你打算写一封邮件时，首先需要考虑的是邮件主题。邮件主题可以用一句话概括：主题清晰明了，避免加入两个“党派”。

邮件主题寥寥数字，很多人都不在意、不重视，却是邮件列表中唯一能够看到的信息，所承载的信息无论对收件人了解邮件内容还是邮件检索的便利来说都有重要的意义。写邮件主题需要做到信息量尽量丰富和直击主题，力求收件人能够通过邮件主题非常清晰地了解邮件的内容、重要程度等信息。

为了达到这一点，首先不能做“模糊党”，比如“关于业务进展情况”的邮件主题，到底哪方面的业务，到底进展如何等关键信息都无法从主题中得到判断。再比如我曾经收到下面这一封主题为“201701710附件.rar”的邮件，直接用附件名字作为主题，并且附件名仅仅是一串数字，我实在看不懂其含义。

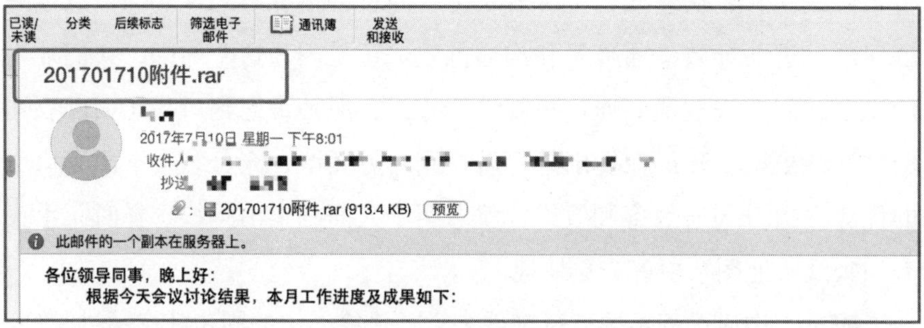

“模糊党”导致收件人无法从标题看出要表达的主旨，很容易漏掉一些原本重要的邮件，同时也给后期邮件搜索带来了不小的麻烦。和“模糊党”相反的另外一些朋友，喜欢让邮件主题变成“标题党”，滥用“重要”“紧急”“必看”等字眼。但是正如“狼来了”的故事告诉我们的，千万不要滥用这些提醒词，过多的滥用不仅起不到想要的效果，反而会引起一定的反感。比如我曾经收到的下面这封邮件，主题为“急急急！！！项目管理需维护信息”，在标题开头连用了三个急，并以三个感叹号紧随其后，结果收件人纷纷打电话询问发件人，是不是发生了什么重大紧急的事情。

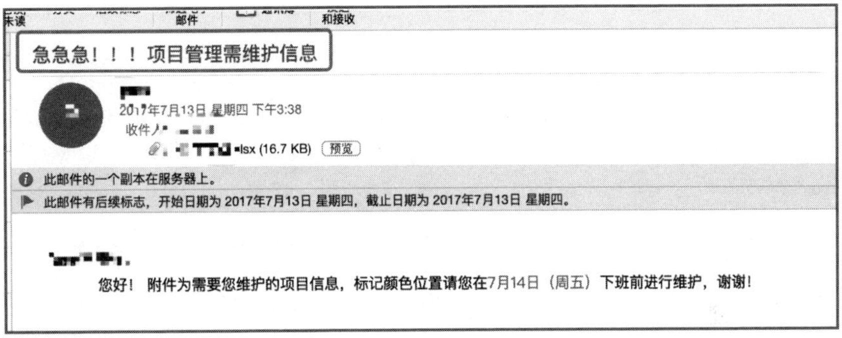

另外，还有一些提醒用语，比如“请今天反馈”等词语也尽量不要滥用，除非真的是十万火急，否则很可能引起对方的不适或者抵触。重要和紧急的事项，一般情况下不要仅仅使用邮件，还需要结合其他沟通方式，比如电话、面谈等方式一起用，因为邮件并无法保证对方能及时看到和处理信息。

分享完写邮件标题的最佳方法，接下来写邮件正文的最佳方法就很朴素：力求准确、无歧义。

这些年，我收到过很多风格迥异的邮件，拿上面提到的邮件举例，邮件的正文如下：

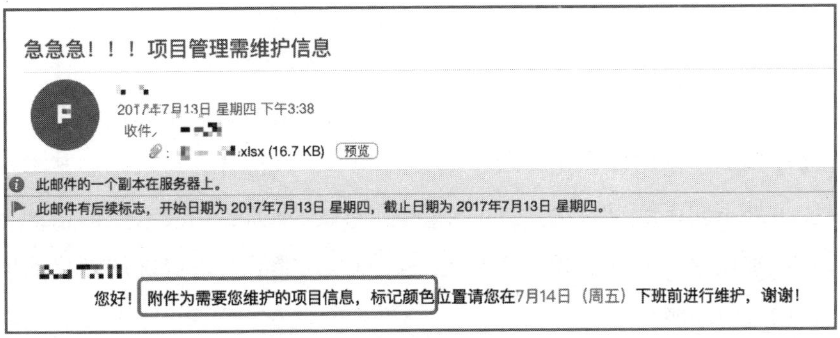

我们如何理解这个邮件的正文要求？我相信很多朋友的理解都和我一致，我们需要打开附件 Excel，然后维护标记颜色的位置。然后我按照自己的理解打开了邮件附件，当我看到附件时，脑海中又多了一个问号，我发现附件 Excel 中标记了两种颜色，一种是红色的标题，另一种是下方填充为紫色的单元格，我到底是都要维护呢，还是只维护其中一个颜色？如果维护一个的话是究竟是哪一个颜色？

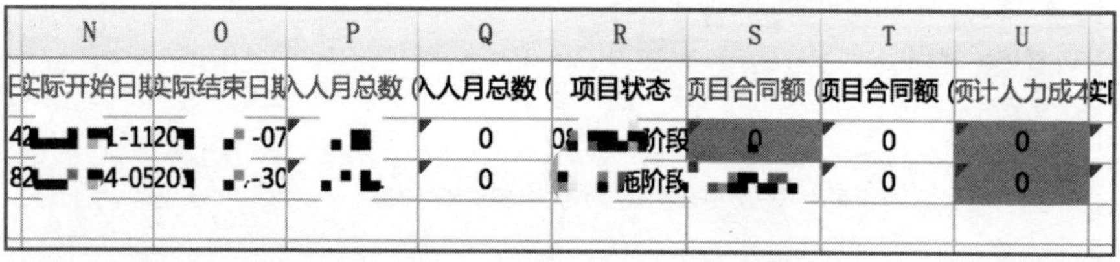

N	O	P	Q	R	S	T	U
实际开始日期	实际结束日期	入人月总数（	入人月总数（	项目状态	项目合同额（	项目合同额（	预计人力成本
42[redacted]1-1120[redacted]	[redacted]-07	[redacted]	0	0[redacted]阶段	0	0	0
82[redacted]4-0520[redacted]	[redacted]-30	[redacted]	0	[redacted]施阶段	[redacted]	0	0

我打电话询问后才发现需要我维护的不是附件中的 Excel，而是需要登录管理系统，在系统中对项目信息进行维护。

一个简单的系统项目信息维护工作，被一个邮件正文绕得晕头转向，我们的脑力成本、时间成本、沟通成本，就是这样在不知不觉中被耗费殆尽！

看到这里，你还认为自己真的会写邮件吗？那到底怎样撰写邮件正文才能体现专业化和实现高效率呢？

邮件正文书写的最佳实践

（1）邮件内容控制在一个屏幕内的长度为最佳。长篇大论、内容冗长的邮件第一印象就会给收件人带来阅读压力，而清晰简洁的邮件会让收件人产生愉悦的阅读感受，不仅提升了阅读效率，也有利于邮件沟通目的的达成，邮件内容控制在一个屏幕内也省去了收件人翻页的麻烦。

（2）善用分段、列表或者图表的方式。沟通学上有一个简单朴素的规律，就是能用图的时候不要用表格，能用表格的时候不要用文字，实在需要用文字的时候多用分段、列表式表达，这符合人类认知的基本规律。另外不同于纸媒时代，数字化媒体时代已不需要用段首空两格的方式来标示段落，通过段和段之间空一行的方式能够实现更加清晰化的区分，提升阅读体验。

比如当我通过邮件进行进度计划汇报时，我使用了下方的里程碑图而非纯文字的方式。

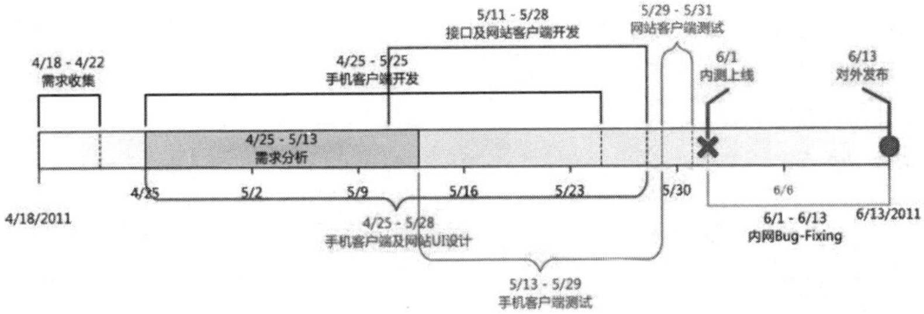

这个进度计划里程碑图综合使用了色彩、里程碑点、关键阶段、时间轴、上下展示等多种方式，能够让收件人对整体计划一目了然，比通过表格或者文字的方式表述更加清晰。

（3）邮件正文描述要有逻辑性。逻辑性、条理性的表达能够让收件人在最短的时间内捕捉到邮件想要表达的重点，同时也能让整个版面清晰整洁。很多人尤其是从事艺术类、创意类职业的朋友由于职业特点，往往更加擅长发散性思维而非逻辑性思维，其实写出一封逻辑感十足的邮件并不难，只需按照下面的三个步骤来写就可以。

第一步：开宗明义。正文第一段使用一到两行简明扼要地说明邮件要表达的主题思想和目的，涉及重要事项的安排也放在这一段，比如希望大家在什么时间反馈等。如果把邮件当成一篇议论文，第一段就是总论点部分。

第二步：说明主旨。第二步详细论述邮件主题，这一部分可以借鉴图表、列表的展现形式。第二部分可以有多段，相当于一篇议论文的分论点部分，详细地描述邮件主旨和结论信息。

第三步：附录依据。最后一段可以选择性地附上参考信息、依据信息等。对于收件人来说，此部分内容可选择性地看。

如下是我在某公司的一封邮件汇报示例，除了采用列表式和分段方式外，也采用了上面提到的逻辑三步法。

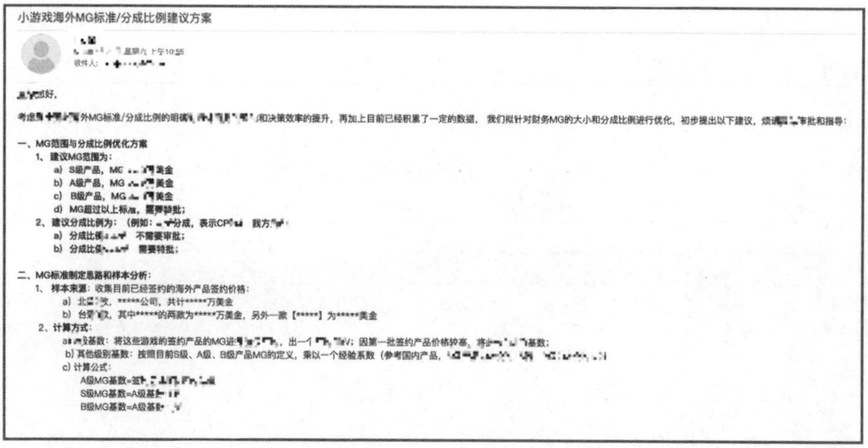

小游戏海外MG标准/分成比例建议方案

收件人：[illegible]

[illegible]好，

考虑[illegible]外MG标准/分成比例的明确[illegible]和决策效率的提升，再加上目前已经积累了一定的数据，我们拟针对财务MG的大小和分成比例进行优化，初步提出以下建议，烦请[illegible]审批和指导：

一、MG范围与分成比例优化方案
1、建议MG范围为：
a）S级产品，MG [illegible] 美金
b）A级产品，MG [illegible] 美金
c）B级产品，MG [illegible] 美金
d）MG超过以上标准，需要特批；
2、建议分成比例为：（例如：[illegible]分成，表示CP[illegible] 我方[illegible]
a）分成比例[illegible] 不需要审批；
b）分成比例[illegible] 需要特批；

二、MG标准制定思路和样本分析：
1、样本来源：收集目前已经签约的海外产品签约价格：
a）北[illegible]，*****公司，共计*****万美金
b）台[illegible]，其中*****的两款为*****万美金，另外一款【*****】为*****美金
2、计算方式：
a）[illegible]基数：将这些游戏的签约产品的MG进[illegible]，出一个[illegible]；因第一批签约产品价格较高，将[illegible]基数；
b）其他级别基数：按照目前S级、A级、B级产品MG的定义，乘以一个经验系数（参考国内产品，[illegible]
c）计算公式：
A级MG基数=[illegible]
S级MG基数=A级基数[illegible]
B级MG基数=A级基数[illegible]

以上分享的均是如何优雅地发出一封专业邮件，而邮件沟通除了发邮件外，另一个非常重要的场景是接收并处理邮件。同样的，不要小觑处理邮件的技巧，邮件处理不当不仅让我们的时间管理效率下降，同时也有可能在不知不觉中影响到同事间的关系。

（1）尽快回复每一封邮件。换位思考，如果我们是发邮件的人，在发完邮件满怀期望等待反馈时，却发现总是杳无音信，一定会很沮丧、很不开心，从而认为对方忽视自己，甚至给双方的关系造成裂痕。尽可能快速回复每一封邮件是对发件人最大的支持和尊重，这能够让职场人际关系更加融洽，也能够提高我们的工作效率。

（2）尽量首次阅读就回复邮件。我们在回复邮件时经常陷入“先看看，待会再回”的误区。殊不知对一些看完之后简单回复即可的邮件，第一次阅读后立即回复会极大地提升工作效率，首次阅读回复一方面满足我们前述提到的尽快回复原则，另一方面“待会再回”很容易造成待会忘记回复；就算没有忘记，“待会再回”相当于我们花费了两倍的时间去阅读邮件，岂不是浪费时间？

“待会再回”只存在于一种合理场景，就是此时此刻缺乏必要的回复信息或者条件不充分，同时不是很紧急，这种场景下的邮件建议标记处理，每天安排固定的时间比如下午下班前的半小时集中处理此类邮件。

（3）固定时间回复邮件。邮件是时间的碎片化杀手之一，时不时弹

出的新邮件提醒将我们宝贵的整块时间切割成一片片的碎片化时间，直接影响我们深度思考和工作，我个人的做法是卸载手机邮件 APP，每天上午和下午各留出 30 分钟处理邮件，其他时间关闭电脑上的 Outlook 软件。

（4）设计常规邮件回复模板。对于某些日常类的邮件回复，比如质量检查类、审批类等，为了提高邮件回复效率，可以设计多种邮件回复的模版，需要时直接复制粘贴，改动一些个性化的关键词就可以完成一封专门的邮件回复。

会议众生相

关于如何高效开会，互联网上有数不清的攻略，但是学了这么多的开会攻略，开了这么多场大大小小的会议，为什么我们依然开不好一次会议?

常见的会议攻略普遍缺乏可操作性，比如都说会议要聚焦，但是怎么才能聚焦却很少提及；比如说要提前发出会议通知，但是怎么确定会议时间也很少提及。开会是个老生常谈的话题，本篇从落地执行维度，重新解构成功、高效的会议如何一步一步达成。

有人说职位越高会议越多，有人说只有上级喜欢开会，其实并非所有的上级都如我们想象的那样喜欢开会，也并非所有的普通员工都不喜欢开会，喜欢与否无关乎开会，而关乎开会的价值。开会能否发挥其既定的价值决定了我们对待开会的态度，但是我们发现，日常开会可谓众生百相。

- 跑题相：天马行空，人人都是一个跟头十万八千里的齐天大圣。本来是一次讨论成本预算的会议，开着开着变成了讨论项目进度问题的会议。
- 无纪要相：没有会议纪要，没有待办要求，轻轻的我来开会了，不带走一件待办事项。

- 无结论相：谈来谈去都是谈问题、谈建议，最终也没有明确的结论，更没有待办事项。
- 跳跃相：没有逻辑、没有节奏，表面上和主题相关，但是东一榔头西一棒子，永远都不会有前进的成就感和结论收获。
- 突击相：懵懵懂懂突然被叫过去参加莫名其妙的会议，收到莫名其妙的任务。
- 走神相：迟到、早退、随意出入、玩手机、噼噼啪啪的键盘党。

很多人告诉我们，会议的秘诀在于会前有准备、会中有控场、会后有跟进。这三大秘诀我相信每个人都懂，但是为什么还是开不好会呢？因为我们更需要系统化、精细化的步骤来指导。

会前有准备
会中有控场
会后有跟进

会前准备六项

一场会议如果想成功，前期的准备工作至关重要，从思维到行动的会前准备一共有六项要点，分别是：三思而后行、明确会议目标、明确会议角色、明确会议时间、准备会议启动、准备会议原则。

1. 会前有准备：三思而后行

三思而后行
真的需要开吗？
真的需要他参加吗？
真的需要他全程参加吗？

三思之第一思：真的需要开吗？

职场中很多沟通并不一定要采用会议的方式展开，也许一封邮件、一个电话就可以解决问题。凡事必开会、开会必开大会的做法背后是沟通上的偷懒，我们经常提到会议沟通成本很高，但是具体高在哪里又如何衡量呢？这里给大家算一笔成本账。

假如一场会议需要 20 个人参加，会议时间是 2 个小时，总计就是 40 小时，相当于一个人一周的工作时间。假如平均一个人月薪 2 万元，那么这场 2 小时会议的人工支出成本约 5000 元，如果再考虑到会议室租用成本、公司五险一金等成本，一场 2 小时的会议成本约 7000 元！

面对会议的高成本，我们首先需要思考，这个会议真的必须要开吗？每次开会前我都会问自己 5 个问题，当回答了这 5 个问题后，是否要开会就变得非常明显。

（1）不开的后果很严重吗？不开的后果我们需要评估，如果在承受范围之内则建议暂时先不开，并非任何一个会议都是非开不可的。通过这个问题，我们至少可以省掉 10% 的会议。

（2）等等再开可以吗？这个问题是要我们思考现在开会是否已经万事俱备、时机成熟。很多时候我们匆匆忙忙地召开一个会，会上才发现材料准备有缺失、方案还没有完全想好等，这些影响会议效果的问题如果没有提前得到解决，会议很可能就白开了。

（3）改为邮件方式可以吗？虽然上面的举例列出了会议成本，但是能够算出来的仅仅是显性成本，还有很多昂贵的隐性成本，比如与会人要放下手头的工作，比如外地的员工可能要赶回来开会等。也许这次会议内容通过邮件就可以输出，比如一些宣讲会和通告会。所以问自己第三个问题的价值在于，判断使用邮件等沟通方式能否达到与开会同样的效果。

（4）改为一对一的方式可以吗？根据我的观察和统计，约 30% 的会议，其议题并非和每个人都有关系，这样是否可以把大会拆成若干个小会，甚至以一对一的方式开展，而不是所有人都要为了 10% 和自己有关的议题从头开到尾。

（5）改为线上方式可以吗？科技改变生活是我们经常听到的口号，我们同样可以借用科技的力量把会议从线下搬到线上，比如线上视频会议、线上邮件评审、线上微信群会议等，都可以实现随时随地低成本开会沟通的目的。

三思之第二思：真的需要他参加吗？

会议组织者容易走入一个误区，“宁可错杀一千，不可放过一个”，也就是对一些可参加可不参加的人员，为了避免遗漏，统一要求必须参加，这样就会发现本来只需要十个人参加的会议，一下子来了好几十人，大部分与会议关系不大的人就会身在曹营心在汉，玩手机、走神、聊天等现象百态尽出。第二思同样需要问自己四个问题：

（1）他一定要参加吗？

（2）他一定要到现场参加吗？

（3）一定要他本人参加吗？

（4）用纪要替代参加可以吗？

三思之第三思：真的需要他全程参加吗？

第三思紧紧承接第二思，当我们确定了与会名单时，需要思考对方是需要全程参加，还是只需参加相关议题即可。我们可以把会议议题和参与人员进行映射关系匹配，每个人只需按照通知的时间参加和自己相关的议题，由此让会议效率更高、会议成本更低、与会人的满意度更高。

再次总结会前三思准备的要点：

· 如果不开会也可以达到目的，那么就不开会。

· 如果某人可参加可不参加，那么就列为非必选人员。

· 如果某些人只与会议部分议题相关，要么拆分会议，减小会议规模，要么只让相关人员参加相关的议题。

2. 会前有准备：明确会议目标

明确会议目标 ▶ **列举会议议题和对应的目标**

在内容层面，会前的准备工作是列举会议议题和相应的目标。会议的议题、目标和对应的形式有很多种，不同的会议目标选择不同的会议形式，比如以传达信息为目标的会议有通知会议、宣讲会议、启动会议、进度汇报会等；以确定解决方案为目标的会议有方案讨论会、头脑风暴会等；以同步信息为目标的会议有日例会、周例会等。总而言之，没有目标的会议注定是失败的会议，但是目标过多也会适得其反。目标一旦过多，一会讨论、一会宣讲、一会谈战略、一会谈战术、一会又在谈感想，会议就成了东北乱炖，而不是精致的简餐。适当精简会议目标能够降低会议规模，而会议规模越小，针对具体问题的讨论就越有效。

3. 会前有准备：明确会议角色

明确会议角色 **五个角色：组织者、主持者、参与者、决策者、记录者**

会议场景就像一个小社会，社会讲求的是分工协作，会议的协作通过五个角色来实现，分别是组织者、主持者、参与者、决策者和记录者。会议五个角色中的部分角色可以是同一个人，但是角色的职责一定要分开，各司其职，才能把会议这个短暂的小社会运作好。

组织者：组织者主要负责会议室预定、与会人组织、会议日期安排、会议邀请发出、会议纪要发出等。

主持者：一定程度上，主持者对会议效率和效果起着关键作用，主持者主要负责主持会议、维持会议主题、总结会议结论、控制会议时间等内容。

参与者：参与者是群策群力的载体。

决策者：一个会议不能没有决策者，特别是以问题解决或决策为目标的会议，决策者切记最后表态，否则会议有可能变成了宣讲会或者一言堂。

记录者：记录者虽然在会上比较低调，但是由于其负责会议纪要的记录和撰写，所以对于会议成果的落地执行非常重要。会议纪要一般包含会议目标、议题、结论、待跟进事项等关键内容。

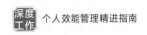

4. 会前有准备：明确会议时间

明确会议时间	形式和可用性	与会人时间	一天中的什么时段

我们通过对三个问题的思考说明如何在会前准备过程中明确会议时间。

第一个问题：如果我们是会议组织者，我们是先确定与会人的时间，还是先确定会议室是否可用？

我一般会先查看在接下来的几天内会议室是否已经被别人抢先预订，确定会议室可以使用的时间段，然后再根据会议室的可用情况去确定与会人的时间，因为会议室的可用性是外部条件约束，除非我们强行征用。如果接下来几天内都没有会议室可以使用，可以考虑协调处理，甚至考虑使用微信、WebEx 等线上会议的方式，没有人告诉我们开会一定需要会议室，脑洞大开才能让会议服务于我们。

当我确定了会议室的可用时间后，接下来会去确定与会人的可用时间。与会人时间确认的顺序也有门道，一般情况下需要先确定大老板的会议时间，再按照职级或对会议重要度的高低确定其他人的时间选择。征求会议时间时切记，要拿到每个人所有可行的时间段，把所有人所有可行的时间段汇总后求交集，交集的时间就是会议的时间，最后，将最终结论汇报给大老板后发出会议要求。

第二个问题：一天中什么时候开会最好？

选择与会人最清醒和效率最高的时刻开会无疑是最明智的做法，特别有助于会议效率的提升和疑难议题的有效解决。与此相反，午餐后马上开会和临近下班开会都不是好的时间选择，前者是因为餐后的精神状态往往不好，后者是因为下班前大部分人都心不在焉。

第三个问题：如何给会议议题排序？

如果一个会议有多个议题，建议把最重要的议题排在前面，此时大家都不会神游和心猿意马，更有利于重要问题的沟通和解决。同时也建议把最容易发散的议题排在后面，因为发散往往代表着时长相对不可控，放在后面一方面能够保证其他议题先得以解决，另一方面也能够提升发散议题的解决效率。

5. 会议准备：准备会议资源

从准备会议资源，到发出会议邀请，再到会议时间提醒，这是一个按照时间轴排序的会议启动步骤。其中关于会议资源的准备，基本上都可以复用如下的会议资源清单。

- 会议室
- 投影仪
- 白板
- 白板笔
- 会议议程相关的材料

很多朋友在进行会议邀请的时候，要么电话通知，要么当面告知，要么微信说一声就完事，此类做法并非最佳选择。会议邀请建议通过 Outlook 的“会议”模式创建并发出，一方面这是一种仪式感，提升与会人的重视程度，另一方面 Outlook 的“会议”模式提供了时间、地点、必选人、可选人等实用功能，另外还有最重要的提醒功能，这个提醒功能可以代替我们在会议前的 5 ~ 15 分钟提醒所有与会人。会议邀请的正文别忘记说明会议议程，并附上会议材料，便于与会人提前熟悉。

对于一些特别重要的会议，除利用 Outlook 自带的会议提醒功能之外，我们也可以适当采用电话、微信、当面提醒等方式，再次提醒与会人查收会议邀请和准时参加会议，比如可以在开会前一天视情况再次提醒。

6. 会议准备：准备会议原则

很多朋友在准备会议时，往往容易忽略对会议原则的思考和准备，

而会议原则的价值在于明确会上什么可以说，什么不可以说。没有会议原则往往导致会议的失控和达不到会议目的。

所有的会议都有通用的原则，不同类型的会议也有其个性化原则，我们需要对每一场会议做到通用和个性化相结合。

会议通用原则为三个严禁，即严禁人身攻击和对人不对事；严禁恶意推测背后动机；严禁翻旧账、谈往事。

“你能不能有点责任心啊？”

“你怎么就喜欢推卸责任呢？”

“这点事情都做不好，真不明白你是怎么进公司的！”

上面的言论就是典型的人身攻击和对人不对事的做法，会议上一旦出现这样的做法就基本宣告了这次会议不会有任何结果。

我们在做问题分析的时候，需要透过表象分析背后的原因，但是在会议等公开场合，却需要对现象和事实进行分析，而不是分析事件背后某人的出发点，因为动机是一种思想意识，很难有确凿的证据证明，恶意怀疑和推测背后动机只会加剧彼此间的矛盾，而不利于会议目标的达成。

就事论事，不要拿以前的事情做文章，严禁翻旧账、谈往事，因为过去的事已经成为沉默成本，对现在待解决的事情帮助不大。

每一场会议都有其独特的目的，仅仅遵照前面提到的会议通用原则，只能让我们的会议达到及格分，而如果想举办一场精彩的会议，我们需要了解不同类型会议的个性化原则。常见的会议类型、会议特点和会议原则如下。

会议类型	会议特点	会议原则
方案讨论会/头脑风暴会	依赖创意激发、集思广益	所有想法都是好想法，禁止对别人的想法做不好的评价
日例会/信息同步会	互通有无	不讨论具体问题，特别是复杂问题
宣讲大会/上传下达会	单向发布信息	不讨论问题、有问题线下沟通

会中控场三项

会议开始后的控场往往是整个会议最难的环节，一是因为主持人往往不是与会人中的位高权重者，控场失效往往都是大老板带头造成的；二是控场对个人组织协调的能力要求较高，这一点并非一朝一夕可以练成。前面制定的会议原则尽量让与会大老板认同并以身作则。针对第二点，我更愿意通过下面三个技巧来帮助快速提升控场能力。

技巧一：白板辅助。使用白板辅助控场是我强烈推荐和屡试不爽的必杀技。我经常看到和听到一帮人在会议室大谈特谈自己对流程和方案的不同理解，其他人站在那里或若有所思，或表情痛苦，更多的人绞尽脑汁在脑海中构建对方关于流程和方案的想法。我忍不住想说，何必这么考验自己，用白板把想法画出来岂不是更好？在说明复杂问题或者方案的时候借助白板，可以让我们的思维清晰、立体地呈现出来，可以更加聚焦与会人的关注点，从而让控场易如反掌。

技巧二：一旦跑题，主持人必须及时喊停，如果“跑”的题比较重要，可以排在议题队尾或者单独安排会议解决。跑题喊停要注意方式方法，一般情况下不要直接生硬打断，更好的做法是顺着跑题人的话题，由主持人再引导、过渡到正题上。可以参考借鉴的句式是：刚才某某谈到了 ×××，那么回到 ××× 议题上，如何才能 ×××。

技巧三：引导发言。主持人需要引导全员的发言和表态，特别是对于一些需要集思广益的头脑风暴会议，要把每一个发言人的意见做简短总结并记录在白板上，同时有意识地引导发言少的人发言，避免一言堂和冷场。

会议必须要有结论，没有结论的会议注定是浪费时间的失败会议。结论除了必须清晰、无歧义之外，结论中的待办事项往往是会议上提出的需要解决的问题，一个完备的待办事项具有四大要点。

（1）待办事项必须清晰、无歧义。如果待办事项描述得不清不楚，我们还如何奢望待办事项最终能被完善地解决？

（2）待办事项只能有一个责任人。如果一件待办事项有两个或者两个以上的责任人，那么十有八九这个事情要不了了之，这是人性使然，不要想当然地去做一些违反人性的尝试。把待办事项交给一个人负责，才能真正调动当事人的责任心和执行力。可能有人会问，如果待办事项一个人做不过来，需要多人一起配合做怎么办呢？很简单，把一个待办事项拆分成多个待办事项，协办人成为各个拆分待办事项的唯一责任人。

（3）待办事项必须有截止完成日期。没有日期的待办事项等于零，不要让待办事项“此恨绵绵无绝期”。

（4）待办事项必须要有唯一跟进人。据我了解，99% 的待办事项都不会提及跟进人。跟进人和责任人之间的关系就像裁判和运动员的关系，跟进人是裁判，负责跟进待办事项是否按照要求完成；责任人是运动员，负责完成具体的待办事项，因此跟进人和责任人不能是同一人，不能既是运动员又是裁判。

会后跟进三项

会议结束后不能一走了之，否则前期为会议所做的一切可能都将化为乌有。在会议结束后，我们需要跟进和完成三项任务。

第一项任务是明确会议纪要。会议纪要的目的是传达信息，所以形式并没有那么重要，会议纪要中的关键内容比如结论和待办事项，最好在会上再次确认后，由记录者整理并在 24 小时内发给与会人。另外，并非所有会议纪要的相关人都是参加会议的人，所以如果需要与会人传达发布信息，需要在会议纪要中列明。

第二项任务是待办事项跟进。跟进人定期跟进、落实待办事项的进展并同步汇报。对于重大的待办事项，跟进人需要设计过程跟进点，而不是直到到期日再跟进。

第三项任务是结论落实。会议结论必须落实、传达到所涉及的每一个人，如果需要对结论进行修正，在上报获准并得到所有相关人确认后再按新结论执行。

PART 5

变化精进

逆袭的唯一机会

如影随形的变化

在计划精进篇章中，我整理了《极简人类史》中人类发展的里程碑数字，从持续30万年的采集狩猎时代到三年一小变、五年一大变的今天，社会正在以前所未有的加速度飞速变化。人类的平均寿命从公元前的20岁到了今天的70岁，随着科技的发展，平均寿命突破100岁很有可能在我们这个时代实现。在时代变迁的“一短”和人类寿命的“一长”的客观现实下，我们此生很可能要经历多个时代的变迁。

在这个不可逆转的大势下，曾经的“学好数理化，走遍天下都不怕”已经再也无人提起，曾经的金饭碗、铁饭碗已经锈迹斑斑，曾经的“一门手艺行走天下”变得越来越困难。

即使不去主动求变，最终也将被动改变，眼下所谓的“稳定”已经成为过去。我清晰地记得在我初中毕业时有两个选择，上高中或者上中专。那个年代更多的人选择了中专，中专毕业后可以直接进入工厂就业，工厂在当时是铁饭碗和稳定的象征，进了工厂就代表一辈子衣食无忧。谁曾想到几年之后形势完全变了，国企改革、下岗的浪潮直接粉碎了稳定的幻想。而我得益于自己的优异成绩，班主任给了我十分宝贵的高中保送生应试名额，我不负众望成功考进高中，才有了后来攻读大学和研究生的我。

追求稳定其实是一种惰性思维，希望不用努力就可以获取长期的持续回报，希望周围的环境少点竞争、多点安逸，一辈子舒舒服服地躺在舒适区中。这样的稳定是极其脆弱的，随着大环境的加速变化和跨界竞争的加剧，片面追求稳定只能带来短暂的欢愉，犹如温水中的青蛙，等到大难临头时已经无力抗争。

我研究生就读于某大型科研院所，按照约定毕业后需要留院，并可以解决北京户口，可以福利分房，导师对我也比较器重，但是我最终选择了放弃。当时自己东拼西凑缴纳了一笔不菲的违约金后，只身投入到外面世界的职场竞争中。回首这些年，历经风雨坎坷，起起伏伏，但是我没有后悔过当初的决定。留院后的路非常清晰，继续攻读博士、博士后、评职称，一如现在依然在院里的同学。我不想过一眼将一辈子看到底的生活，更为重要的是，外面的世界能够让我更加敏锐感地受到大势的变化，感受到不同行业、不同领域的思想碰撞，体验到充分竞争下对自身能力、见识的提升和思想的打磨。

在变化无处不在的环境下，真正的稳定不是来自环境、体制或组织，而是来自自己，让自己的认知升级、能力提升，把命运掌握在自己手中才是终极版的以不变应万变。

这里的“自己”不仅仅代表个人，也完全可以代表企业。企业处在变幻莫测的市场环境中，如果不能敏锐地感知市场的变化，不能对变化保持敬畏之心，保持预见的魄力，则很容易走向没落，即使再大的体量、再强的实力也一样。

比如下面的施乐公司就错失了计算机图形界面技术的变革。

施乐公司于 1906 年成立于美国，是全球最大的数字与信息技术产品生产商。很多人熟知施乐公司发明了复印技术，但是却很少有人知道计算机图形界面和桌面屏幕最早也是由施乐公司发明的，而如今微软和苹果却凭借施乐公司发明的技术垄断了操作系统市场。1979 年底，在施乐公司如日中天时，苹果还是一个小公司，微软还是一个小作坊。当年乔布斯参观了施乐公司坐落在帕罗奥多的研究中心，施乐的计算机专家向他展示了最新的图形界面和桌面屏幕技术，这些在当时石破天惊的技术让乔布斯激动不已，但是当时施乐公司并没意识到这些技术能给 IT 界带来革命性的变化。随后苹果公司迅速掌握了施乐公司的图形界面技术，光明正大地窃取了施乐公司的创意，几年后比尔盖茨同样模仿了图形界面技术，推出了视窗操作系统。

比施乐公司更惨的是柯达公司，百年巨头柯达公司因为未抓住科技转型的机遇从而宣告破产。柯达公司早在 1991 年就研发出了高达 130 万像素的数码技术，但是柯达公司过分依赖和保护胶卷领域的庞大市场，迟迟没有将数码摄影技术的研发成果投入到市场中，最终在眼皮子底下错失了发展机遇。

在并不算长的互联网历史上，几乎没有一个产品经历了从兴起到衰落后还能东山再起，尤其是社交类产品，但是新浪微博近些年做到了。微信横空出世的头几年，业界普遍看衰新浪微博，毕竟社交领域的马太效应决定了这个行业只有第一、没有第二。在市场巨变的压力下，微博选择了社交媒体而非社交网络的发展路线，通过先发移动端、渠道下沉、网红战略、微博直播等差异化竞争策略实现了逆势起飞。短短几年，在中概股普遍低迷的情况下，新浪微博股价逆势上涨三倍，2017 年 2 月 7 日实时股价 50.85 美元，市值 109.7 亿美元。

不仅仅是我们所熟知的巨头公司，几乎每一家公司近些年都在思考两个字：转型。环境和市场的变化已经让企业的转变势在必行。我目前所在的公司是一家服务于传统银行的 IT 公司，众所周知，银行业在互联网金融的冲击下已经不如之前那么好过了，而以银行为主要客户的我们自然也在业务增长上遭遇连带冲击。如何保持甚至提升业绩增长率，如何借助自身优势转型是这两年来公司发展的主旋律，为此我们正在做战略转型的尝试。尝试不一定会成功，但是抱残守缺只会让我们像温水里的青蛙，只有改变才能孕育机会，一成不变只能走向灭亡。

职场内部求变

对于每一个在职场中打拼的个人来说，环境在变，公司在变，个人也需要华丽转型而不是墨守成规。我所辖的事业部，成员大多数来自项目管理和质量管理部门，无论是项目管理岗还是质量管理岗，在绝大多数公司里其职责是内部管理而非外部营收。但我并不局限于此，借助集团转型的大背景，我力推事业部由单一内部管理职能扩展到管理咨询服务职能，由成本部门转型为利润部门。最初这个转型让很多成员不知所措，多年的经验已经固化在头脑中，作为项目管理或者质量管理人员，一直聚焦在如何交付项目、提升质量上，很少去思考如何设计、包装、运营产品，在这种压力下，坚持下去的人能够完成从思想到行为的蜕变，坚持不下去的人只能固守在自己的舒适区中。

同样的改变也发生在技术人员身上。当事业部以经营为导向时，发展什么技术、使用什么技术考虑的是市场需要和产品需要，而非现有组织架构下的技能状况。技术人员不可避免地面临技术的转型问题，也就是放弃现在最熟悉和精通的语言，转而去学习和使用另外一种陌生但是有前景的开发语言，于是他们开始纠结和迷茫，到底要不要技术语言转型？是追随事业部的发展方向，还是固守熟悉领域的积累？

职场内部求变首先是心态求变，改变既往的固有心态是内部求变的前提。上述提到的项目管理、质量管理、技术人员在面临外部环境变化时的转型，很多人在思考时往往陷入职业生涯规划固化的怪圈，认为转型和自己的职业规划方向背道而驰，进而从心态上排斥改变、排斥转型。抱有这种心态的人往往认为职业规划方向一成不变，如果职业规划方向是项目管理，那么只有此生一直从事项目管理才符合职业规划；如果职业规划是从事 Java 方向的开发，那么此生如果转而学习其他语言，就是对职业规划的背叛和放弃。

很多企业在招聘的岗位描述里面都有这样一条要求：对新知识保持好奇和热情，具有快速学习能力。市场的快速变化要求企业能够快速变化，企业的快速变化要求员工能够快速变化，跟得上快速变化的能力就是快速学习能力，只有快速学习能力才能够让我们在职场中永葆竞争力，幻想“一招鲜吃遍天”“一个技能用到老”已经不现实了。我曾经在职业规划篇章中提到了 T 型人才，职业之路越往上走，越看重一个人的横向扩展能力，而不是纵向的专业能力，只有横向能力才能适应变化。

多年前我还是一位开发工程师时，从现在已经消失的 ASP 语言到 C# 语言，再到 Java 语言，无不是根据公司的变化而调整自己的技能方向，我清晰地记得当时需要针对一个存量系统进行二次开发，而这个存量系统使用的 Delphi 语言，我们都没接触过，怎么办？很简单，现学现用。就这样我们一边学习一边进行二次开发，仅仅用了两个月就完成了开发任务。我曾经还用一个月的时间自学了 Android 开发，那个时候我早已从开发岗转型到管理岗，之所以重新捡起Android开发，不是因为我要再做开发，而是在当时的环境下，如果我能够掌握Android技术，将对公司的战略项目和产品的了解大有裨益。

从开发工程师到项目管理再到经营管理，看起来我的职业规划并没有一脉相承，但是经历过才有发言权，我的每一次改变都借势于外部环境的变化，看似放弃了之前的积累，实际上是在自己的横向发展上写上了意义非凡的一笔，让我得以跳出自己的舒适区，挑战自己的陌生领域。时至今日，我发现表面上看起来毫不相关的两个领域，其内在有非常多的理念和方法存在相通之处，所以转型并非放弃既有优势，而是能力上的一种升华。

心态改变后，还需要思维求变，改变既往的思考方式。我们集团董事长经常讲的一句话是："改变工程师思维，使用经营者思维去思考。"经营者思维关注全局，从企业经营的角度思考和分析问题，一切解决方案都围绕着如何经营好企业、做好产品展开。工程师思维关注局部，基于现有条件去求解和思考解决问题的方法。比如，今年公司从经营角度提出营收目标需要翻番，很多人站出来说不可能实现，因为没有足够的客户渠道，没有充足的人力储备，现有的人员能力不足以支撑等，这其实就是非常典型的工程师思维，从现状出发、从客观事实出发、从静态角度出发，逻辑严谨地推断出目标不可能实现。但是如果从经营者思维出发，会得出完全不一样的结论。如果希望经营目标翻番，那么客户渠道的拓展除了传统自聘销售之外，是否可以考虑和第三方公司合作共赢？人力储备不足，是否可以考虑外包合作？现有人员能力不足，是否可以考虑招聘帮带和引入淘汰机制？这样层层深入、抽丝剥茧，最终得出应对方案。类似的经营者思维才是积极、正向的问题解决之道，而不是局限在现有的各种限制中，畏首畏尾。

思维求变之后的最后一步是行动求变，无论是心态还是思维的改变，最终必须体现在行动上才有效。行动求变就是改变既往的行为方式和习惯。我和很多朋友说到这个观点时，大家都认同行动求变的重要性，可是转身之后依然延续固有的行为方式，自己却浑然不觉。

行为求变的体现之一是精益求精地做好每一件工作。这句话说起来容易做起来难，在上级面前拍胸脯保证时豪情万丈，提交工作成果时漏洞百出的情景是否似曾相识？

我所辖的事业部以管理咨询业务为主，售前方案是非常重要的材料，直接决定了业务成功与否。某次在评审某重要客户的售前材料时，我发现售前方案中充斥着错别字、中英文标点符号混杂、英文字母大小写随意的现象，有些成员认为这些问题不重要，重要的是内容本身，但是绝大多数时候，恰恰就是这些不起眼的细节导致满盘皆输，导致一个星期的心血付之东流。这些"小问题"会给客户留下不专业、不负责、不细心的"三不"印象，一份售前方案都如此马虎，客户如何放心把整个集团的管理咨询重任托付给你呢？此时我想到了"一屋不扫何以扫天下"，我也想到了"细节决定成败"，以及这些年社会上推崇的工匠精神，到底什么是工匠精神？工匠精神不需要那么高大上的定义，认真对待错别字、标点符号、字母大小写就是工匠精神。

行为求变的体现之二是勇于承担。承担有两层含义，承担责任和承担挑战。工作中出现问题和错误时，我们第一反应往往是自保和找理由开脱，洋洋得意于明哲保身的处世哲学，这是一种职场上的短视。上级不是傻子，公司更需要的是敢于担当的人，在问题面前不推诿、不退却，勇于承担责任并且积极主动地找到破解之道，这样的人是稀缺人才，让自己成为稀缺人才的第一步就是勇敢站出来承担自己的责任。上级不会因为我们承担责任而归罪于我们，却会因为怯于承担而放弃我们。

不同的人看待同一个挑战会得出不同的结论，消极的人认为挑战是一种负担和不安全性，积极的人认为挑战是一种机会和成长。我曾经接触过很多人，他们被分配到新的任务时，特别是和手头工作关联不大的工作时，经常推脱自己无法一心多用，这何尝不是另一种短视？当职业生涯往上走时，不可避免地会接触越来越多的工作内容，承担越来越多的职责，有朝一日成为公司 CEO 时，公司大大小小的事情哪个能和我们没有关系？学会多线程处理任务，主动站出来承担更多的工作职责，仅仅做到这一点，就足以让我们的职业生涯平步青云，因为这个世界不缺人才，缺的是勇于承担的人，一个勇于承担的人足以成为人才。

职场借势求变

心态、思维和行为的内部求变关乎我们自身，而职场外部环境同样在不断变化，变化中孕育着“势”。

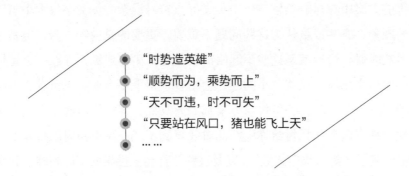

- “时势造英雄”
- “顺势而为，乘势而上”
- “天不可违，时不可失”
- “只要站在风口，猪也能飞上天”
- ……

纵观历史长河，所有的经验都指向了“势”，一个人的生命实在短暂，只有在变化中借势才能四两拨千斤。历史上的“风流人物”之所以能够建功立业，“善于借势”和“把握时机”功不可没。借势求变，不仅对伟人，对你我这样的普通人亦同等重要。职场同样有其“势”的存在，每一次职场精进，都离不开对趋势的洞察、把握和借力。

职场第一“势”：每个人有自己独立的想法和诉求。我相信很多人都或多或少遇到过下面的情形：当我们作为上级给下属安排任务时，虽然我们苦口婆心地再三确认“对于我刚才讲的你还有问题吗？”“有没有听明白我的意思？”但是最终拿到手的交付物仍然不是自己想要的东西。我们有此想法不代表别人也是同样的想法，我们的需求对别人来说很可能毫无用处。职场上需要了解和借助这个“势”，而后求变，面对领导的指令，不仅要了解字面含义，更要读懂领导的目的和用意，站在领导的角度思考并帮助他解决问题；面对员工时，需要了解对方的真实需求和心理立场，站在对方的角度去说服对方，而不是靠职权压制对方。

职场第二“势”：领导比员工高明。职场上最大的忌讳是妄图取代领导上位，怀有这种想法的员工要么是经历太少了，要么是宫斗剧看多了。认为领导能力不如自己往往是片面臆想，也许领导在实操层面的确不如我们，但是在综合能力和阅历上肯定有高于我们之处。所以不要逆势而为，妄图取代领导，我们的明智选择是帮助领导成功上位，最有效的帮助方式是立功劳而不是出苦劳；立功劳最好的方式是和领导一起面对工作；一起面对工作最好的方式是按照领导的要求保质、保量地完成工作，并在过程中定期汇报。我们容易犯的一个错误就是，领导布置工作之后，我们的工作进展石沉大海。我们以为领导不过问是忘记了，其实不然，每个领导都有一个隐形的小本本，里面记录了我们的各种表现，当领导最终忍不住过来询问时，无论我们如何回答，这个隐形的小本本里面对我们的评价已经少了一颗星。

职场第三“势”：跟领导走得近一点，再近一点。好多人平时都刻意躲着领导，尽量不和领导打照面，见领导正要进电梯，赶紧放慢脚步避免和领导同乘电梯。离领导远一点会事少清净，也不用担惊受怕，唯恐说错话、做错事，还能落一个“不拍马屁、不阿谀奉承”的美名。这是一种短视，也是一种逆势！如果我们想在工作上取得成绩，绝对离不开领导的支持，而如果想获取领导的资源或其他层面的支持，天天躲着领导又如何做得到?

我这里说的是一对一的沟通接触，领导只有私下跟我们一对一沟通时才有可能说真心话或对我们有价值的话。跟领导走近一点，虽然可能多了一些出错机会，但是谁学游泳没有呛水，谁学自行车没有摔跤呢，当我们学会和领导相处之后，后面源源不断的都是职场红利，这才是大格局和高眼界的表现。这一切和溜须拍马无关，保持和领导的一对一非正式沟通，增加和领导一起吃饭、一起上下班、一起打球的机会，能够让我们深度了解领导的立场和观点，这些都有助于我们工作成果的产出。工作出成果才是终极武器，也是借势和溜须拍马的本质区别。

跳槽外部求变

这几年，每当我做完线下公益分享后，总会有一帮朋友围过来交流职场中各种各样的问题，有的朋友认为自己所在的行业不景气，想换一个全新的行业，但是又担心自己进了新行业后不适应，风险太大；有的朋友对现在所做的工作不感兴趣，想换一个新的职业，但是又担心自己以新人身份进入一个公司代价太大；有的朋友工作上不顺心，恨不得马上辞职，但是又担心没有收入后粮草不足，难以持续。诸如此类的疑惑和顾虑是职场中人的常态，而我们所纠结的问题仅仅是表象，打算换行业、换职业、换公司的第一步是认清自己，而不是亦步亦趋。在我们看来待遇优越的好工作，可能未必适合我们！假如我们的优势是与别人沟通，那么一份天天和电脑、报表、数字打交道的工作就很难做好。

认清自己是定位正确的前提，当在努力很久后发现自己依然没有提升，此时我们需要静下来好好思考，否则在错误的方向上总是事倍功半，久而久之我们将不由自主地怀疑自己、怀疑人生。

我也相信大多数朋友都是被逼得走投无路了才想跳槽，毕竟人的本性是畏难的，而跳槽又实在太麻烦、太虐心，想想就头大，有一大箩筐的事情要面对，比如下列这些问题。

（1）跳槽就要写简历，现有的简历还是好几年前的版本，此时已时过境迁，很多内容都要重新优化和补充，一想到写简历就头疼。

（2）好不容易把简历写好了，不知道怎样才能最快、最好地找到目标职位，招聘网站上林林总总的招聘职位目不暇接，到底哪一盘才是自己的菜？

（3）庄严神圣地投出了简历，又担心没人理，有人理的时候又开始担心无法请假面试或者面试失败。

（4）面试前、面试中、面试后，一会儿紧张、一会儿自信、一会自卑，刚被点燃的希望一不小心又坠入万丈深渊。

（5）新的公司一切都是陌生的，万一到了新公司不能适应怎么办？

（6）新公司的职位会不会是个坑，会不会才出虎穴又入狼窝，想想就好怕。

（7）新公司会不会加班加到吐血？

（8）老公司到时候不放人怎么办？

（9）新公司发了录取通知之后自己反悔怎么办？

（10）找了半年工作还是找不到怎么办？

以上此类，都会成为我们职场外部求变的拦路虎。跳槽其实是一个具体问题具体分析的客观思考结论，虽然的确是个让人头疼的话题，是否值得跳槽又是一个理性中掺杂感性的问题，毕竟跳槽因人而异、因势而异、因境而异。

因人而异：每个人的出身、性格和教育背景等各不相同，这就造成了每个人在面临同一个外部求变问题时，对待跳槽的态度也不尽相同。我们可以用心观察同一个部门做同一类工作的不同人，为什么有些人最终跳槽离去，有些人却一直坚守，那是因为每个人的职场观念不同。

因势而异：不同的行业、不同的风口都会影响跳槽，能否借助“大势”将考量一个人的跳槽力。我们个人的力量在“大势”面前弱小到几乎可以忽略不计，所以跳槽时要考虑借助“大势”，“大势”能够让我们跳得更远、飞得更高。

因境而异：我们所在的职场生存环境、上下级环境，甚至家庭环境都会影响我们跳槽的决定和效果。假如我们是一位哺乳期的职场精英，假如我们刚刚办完房屋贷款，这样的环境背景下跳槽更需要慎重考虑。

当我们决定跳槽时，紧接着又面临下一个问题。什么时候跳呢？

太多的经验告诉我们，金三银四（3 月和 4 月）是跳槽的好时机，因为春节前后刚发完年终奖，对个人而言跳槽的物质损失最小，对公司而言春节前制订了新一年的规划，春节后需要通过招兵买马去实现，此时公司发布的职位也相对更多，再加上春节后的离职潮也导致公司需要招聘岗位补充人员，所以每年的 3 月和 4 月往往是离职和求职的高峰期。不过回归到跳槽时机本身，日期固然重要，但是并非我们首要考虑的因素，我们的机遇并不会憋到 3 月和 4 月才向我们款款走来，金三银四仅仅是概率问题而已，面对适合自己的跳槽机会还是该出手时就出手，不要纠结没有拿到手的年终奖，年终奖那点钱对改变命运的职场机遇来说不值一提。

有太多的文章告诉我们按照职业规划决定跳槽时机，这些文章恨不得劝我们一毕业就做个为期 10 年的职业规划。这些听起来貌似很有道理，但是执行起来会发现根本没有落地的可能性。现在社会三月一小变、一年一大变，传统的职业规划思维越来越难以发挥实质作用，真正有效的职业规划可以借鉴 OKR 的理念来设计，我们在计划精进篇章已经论述，这里不再赘述。

既然跳槽和时间无关，和传统职业规划也无关，那什么决定我们是否可以跳槽呢？

先问自己一个问题，你在职场中最想获得什么？有人说是赚更多的钱，有人说是升职升职再升职，也有人说是获取成就感和权力的快感，虽然每个人对职场目标的描述不尽相同，但是都可以总结为两个字：成功。赚钱、升职、成就感其实都是他们心中“成功”的样子。

关键问题来了，我们如何才能获取职场成功？当我们没有王思聪的“命”，也没有王宝强的“运”时，命运留给我们的只有一根稻草，这根稻草就是“变化”。所谓乱世出英雄，变化意味着机会，只有抓住或者创造“变化”才能实现心中成功的目标。职场中能够导致“变化”的因素很多，跳槽是其中非常重要的因素。

只要是变化，就存在向左走或向右走的可能性，变化有可能很好，让我们一飞冲天；也有可能很糟糕，让我们粉身碎骨。你我作为职场中人，每一次跳槽都是职业生涯中非常重要的变量，一定要慎重对待，决不能草率决定。慎重不代表不跳槽，而是考虑好后再决定，该跳的时候八匹马也拉不回来，不该跳的时候再大的诱惑也要坐怀不乱。

跳槽矩阵方法论

外部求变式跳槽没必要前怕狼后怕虎，如果我们对跳槽还有太多顾虑，无外乎是自己的期望和现实的对比没有梳理清楚，如何才能最快、最好地梳理清楚是许多人面临的难题。多年职场的经验总结和深度思考后，我将所思所想的点点滴滴进行了系统化整合，以“跳槽矩阵”为核心的方法论体系逐渐完善，跳槽矩阵可以帮助我们搞定思路梳理，进而决定是否跳槽；即使当下并不想跳槽，也能帮助我们更好地行走职场。

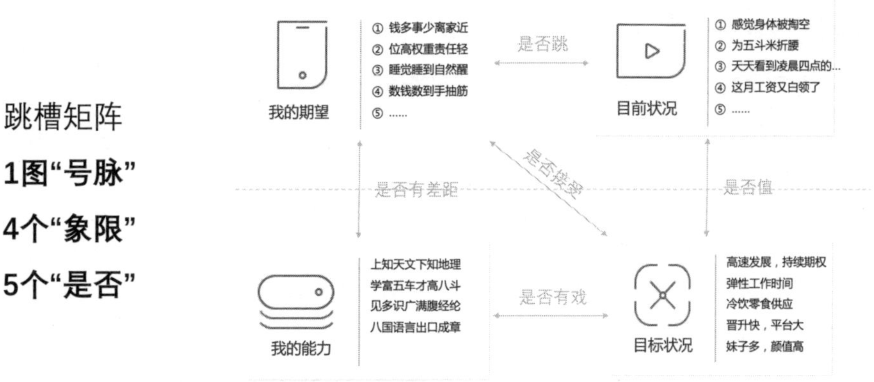

跳槽矩阵的精华可以使用一张图、四个象限、五个问题勾勒描绘。跳槽矩阵这张图中有四个象限，分别从四个不同的维度描述了当下的客观情况，这四个象限分别是“我的期望”“目前状况”“我的能力”和“目标状况”。

（一）“我的期望”象限

在跳槽矩阵中首先需要列出的是象限“我的期望”，“我的期望”代表着目标，我们所做的一切都是围绕这个目标展开。比如可以列出“钱多事少离家近，位高权重责任轻，睡觉睡到自然醒，数钱数到手抽筋”，也可以列出晋升空间大、领导靠谱、企业发展前景好、工资高等我们认为最重要的项，列出之后需要把这些项按照优先级进行排列，最高优先级排在前面。

在跳槽矩阵的实践中有个关键，也是直接决定未来会不会受到持续打击的关键，我们要衡量自己期望的可行性，就像目标的精进 SMART 原则中的“A”（Attainable）。好高骛远其实并没有太大的意义，目标是否可行可以参考行业整体情况，比如参考招聘网站最新的年度分析报告，也可以参考目标职位的薪资区间、企业优势等信息，以及自身的客观实力，比如从工作年限、技能水平、管理水平等维度分析。

（二）“目前状况”象限

对比左上方象限列出的“我的期望”，把现实的对应情况列在右上方的“目前状况”象限中，透过“目前状况”和“我的期望”的横向对比，能够检验我们梦想和现实的差距，在对应列出现状之后，如果现状已经满足了期望，就进行打钩标记，不满足就打叉标记。这个检验和标记过程不需要使用复杂的数字和权重公式计算，在预测学上有个共识，即简单的预测算法得出的结果反而最牢靠。

（三）“我的能力”象限

我们真的了解自己吗？很多人并不能做到客观、正确地认识自己，有些人过于夜郎自大，有些人又过于妄自菲薄，有些人在自负和自卑之间游走。“我的能力”象限就是一次了解和正视自己的机会，对自身能力需要站在市场竞争的角度评价，即我们的能力在这个市场中的竞争力如何？我们的能力和同龄人对比起来孰高孰低？职场这个竞争市场需要我们具备什么样的能力？如果想实现列出的期望目标，需要我们具备什么样的能力，我们现在与这些能力相差多远？对这些问题的思考能够帮助我们认清自己的能力，继而在回答后续的问题时得出正确的结论。

同样的，“我的能力”建议也对应上面列出的“我的期望”，每一个期望都依赖于某些核心能力，把这些能力按照顺序一一列出来。

（四）“目标状况”象限

当我们有了目标公司或者目标职位时，就可以描绘最后一个象限：“目标状况”。“目标状况”类似于“目前状况”，针对目标公司职位，结合“我的期望”象限按照顺序列出。所谓知己知彼，百战不殆，这就要求我们要尽可能多地收集目标公司或者目标职位的相关信息。

跳槽矩阵的五个问题是“是否跳”“是否有差距”“是否值”“是否接受”“是否有戏”，我们具体来分析一下。

1.“是否跳”问题

将“我的期望”和“目前状况”两个象限进行对比，可以回答“是否跳”的问题。观察“目前状况”象限中的打钩、打叉标记情况，假如前面大多项都是打叉，说明现在的环境已经不能满足我们的期望，建议立即行动，寻找能够实现我们期望的机会；假如打叉和打钩几乎平分秋色，不相上下，建议可以再观察，观察的同时有意识地提升自己不足之处。

当然以上的举例仅仅是常规逻辑性判断，现实中会有例外情况的发生，比如一票否决，和领导彻底决裂可能就算是一票否决的情况。如果我们和领导的矛盾已经到了无可挽回的境地，那么在深刻总结经验教训的同时，还是尽快找机会跳槽吧。

2.“是否有差距”问题

将“我的期望”和“我的能力”两个象限进行对比，可以回答“是否有差距”的问题。能力是支撑期望达成的基础，目标和期望的对比有助于我们正确识别自己的期望是否合理。针对过高的期望可以进行阶段性的调低，对于过低的期望可以进行适当的调高。从另一个维度思考，针对差距的分析也能让我们深刻洞悉能力的短板，进而在未来的职场生涯中有针对性地提升，这也是跳槽矩阵不仅仅局限于跳槽的原因，即使不打算跳槽，跳槽矩阵也能使我们在能力提升时更加有导向性。

3.“是否值”问题

将“目前状况”和“目标状况”两个象限进行对比，可以回答“是否值”的问题。每一次跳槽在获取收益的同时，都不可避免地付出代价，很多时候这个代价还非常大。每一次跳槽都代表着放弃了上家公司的积累，如同事关系、业务流程、产品的掌握、企业文化等，这些都需要我们在新公司重新开始，而新公司的同事在这些方面比我们拥有先发优势。如果我们在跳槽时跨行业或职业，跳槽代价将会更大。另外，跳槽经历将成为我们的职业履历中不可磨灭的一笔，未来将或多或少影响我们的职业生涯走向。清晰识别跳槽代价能够帮助我们更加审慎、冷静地面对跳槽，以受益和代价的对比结果衡量是否值得一跳。

4.“是否接受”问题

将“我的期望”和“目标状况”两个象限进行对比，可以回答“是否接受”的问题。新的目标公司或目标职位是否可以满足我们的大部分期望决定了我们是否会接受对应的入职邀请，“是否值”的回答是从现有工作和目标工作之间的对比进行分析；“是否接受”的回答是从目标期望和目标工作之间的对比进行分析。正因为上述提及的跳槽代价，我们才希望每一次跳槽都能够实现自己既定的目标，用目标来衡量入职邀请的接受态度，避免忘记初心。

5.“是否有戏”问题

将“我的能力”和“目标状况”两个象限进行对比，可以回答“是否有戏”的问题。每一个新的工作机会都有其对候选人的能力要求，这些能力要求大部分都体现在招聘的岗位描述中，通过审视目标职位的招聘要求，回顾自己的能力和经验匹配度，我们可以大致衡量出成功概率和可能的失败原因。对于“是否有戏”问题的回答，也能帮助我们认清自己和目标职位的差距，进而能够在简历中、面试前、面试中有针对性地查漏补缺，提前准备应对方案，尽最大可能去提升成功的概率。

对跳槽矩阵图中的四个象限、五个问题的条理化梳理，能够帮助我们脚踏实地把握每一次外部求变的机会，让外部的变化真正助力于我们的职场提升，而不是头脑发热式的跳槽。跳槽不应该是一时意气用事，也不应该优柔寡断，而是基于对长远的思考去谋划，只有这样，现在的“前途”才能变为未来的“钱途”。

最后，很多人说不要为了逃避而跳槽，其实这句话有点“站着说话不腰疼”的意味。我想表达的是，就算你为了逃避而跳槽，想换个环境，至少也要在跳槽矩阵中分析完胜前公司的条件，而不是单纯为了换个环境，毕竟跳槽需要成本，有时候成本还很大。

“在行”专家的简历最佳实践

使用跳槽矩阵完成外部求变的抉择，决定跳槽后首先面临的头等大事就是简历关。提到简历，我在多年的职业生涯中接触到了不计其数风格迥异的简历，我也曾和很多颇有见地的管理者、HR 交流切磋透过简历看穿能力的经验，这些过往的点点滴滴最终汇流成河，让我站在实践者角度从方法论层面通过“在行”平台传道授业。

简历是一面镜子，其作用远远不止于应聘和面试，简历的核心价值在于它能帮助我们梳理过去职场中的所作所为，透过简历对过往进行深度复盘。我对每一个通过“在行”约见我的学员均提出了诚恳建议，不要只是在换工作时才去更新简历，而是定时更新简历。更新简历和跳槽无关，和职场复盘有关。表面上我传授的是简历实践，本质上却是职场复盘实践。

提到简历是否有用，我相信 80% 的朋友都会投“赞成”票，但是仍有 20% 的朋友可能会对简历的作用嗤之以鼻，抱有这种想法的原因不外乎两种：其一是只要有能力，走遍天下都不怕，打败天下无敌手；其二是找工作还是要靠人脉、靠内推。听起来不无道理，但是细想又过于片面，基于我曾经的应聘者、人力资源从业者、招聘者的三重身份，我可以负责任地告诉大家，简历比你想象的还要重要。能力再重要，如果不能通过简历的载体呈现，就好比茶壶里面的饺子——倒出不来，死守着“酒香不怕巷子深”的旧观念，就怕等买酒的人费了九牛二虎之力找到酒馆时，酒馆早已撑不下去关门歇业了。人脉关系更需要我们的简历去支撑门面，想想如果我们的朋友收到和转出一份不堪入目的简历，那一瞬间该有多么尴尬。

为什么看上去差不多的求职者，有人可以一个月收到十几个入职通知，有人却只有几个？答案与简历和面试直接相关，而简历是拿到入职通知的第一关，务必认真对待。

人的能力有高有低，资历有深有浅，并且能力和资历短时间内很难发生质的改变，但是无须因此而妄自菲薄、自暴自弃，通过简单语句的调整、风格的转换，就可以使简历锦上添花、改头换面，从而大大增加求职成功的概率。不要认为这是一种投机取巧的表现，简历从一个侧面也体现了求职者的逻辑性、条理性、表达能力和把握重点的能力，这些能力往往是职场中最为看重的能力。如何更好地将自己的优势呈现在简历中，如何最大化地展现我们的能力和资历，这是一门学问，可以用一个简单的公式展示：

一份让 HR 无法拒绝的简历 = 高颜值的“面子” + 有干货的“里子”

高颜值的“面子”不仅仅指好看，更重要的是可以让 HR 在最短的时间内看到我们最想表达的内容，由此面子工程的基本宗旨是：排版要整洁和清楚，突出展示自己的核心优势。

面子工程九大决定成败的细节整理如下，对比看看自己有没有做到。

（1）颜色：不要太花哨，黑白永远是最经典、最安全的配色，彩色完全没有必要，甚至还会起反作用。

（2）字体：不要乱用字体，一份简历只有一种字体，宋体、黑体都可以，推荐使用微软雅黑字体。

（3）标点：标点符号往往是容易被忽略的细节，比如要留心是中文标点符号还是英文标点符号。

（4）纸张：使用标准的 A4 纸，不要用 A3 或者 B5 之类大小的纸张。

（5）页数：简历控制在两页以内最佳，最多不要超过 3 页。

（6）行距：行距调整为 120% ~ 130% 的比例，增加整体的可读性。

（7）数字：简历中的数字使用阿拉伯数字，而不是汉字，因为数字格式相对更加鲜明突出。

（8）顺序：工作经历使用倒序的方式排列，最近一份工作经历是 HR 最看重的内容，最看重的一定要放在最前面。

（9）表达：避免口语化的描述，简历中的用语要给人留下专业的印象。

同样还有四个千万不要踩的简历雷区，任何一个雷区都会让你的简历形象瞬间坍塌。

（1）不要增加简历封面，简历封面完全没有必要，还浪费纸张。

（2）不要给简历增加背景图，既影响阅读效果又直接拉低自己的段位。

（3）不要出现重复的内容，比如在工作经历中和项目经历中写了同样的项目经验。

（4）不要用表格做简历，列表式的简历最佳。

看完面子，再看里子。一个好的面子让人赏心悦目，更容易吸引眼球。当眼球被吸引过去之后，就需要里子登场了，否则就会沦为花瓶，最终仍会被企业舍弃。里子的夯实技巧也有章法可循，这个章法就是里子三部曲。

（1）首先研究目标职位的岗位描述和任职要求。这个研究工作非常关键，如果大家曾经担任过项目或者产品经理，就会理解招聘的岗位描述相当于用户或者产品需求，如果我们对用户需求不清不楚，仓促扔出我们的产品方案（就是简历），用户能买账吗？所以一定要认真分析目标职位的每一句话，每一个关键需求，然后从中提炼关键题眼，每个题眼都是我们简历的突破口和切入点。

（2）拿到关键题眼后，接下来进行充分的头脑风暴，认真回顾自己过往的工作经历，尽量往题眼靠拢，思考我们过去的经历哪些可能和题眼有关系，有关系就先记下来，此时无须考虑语句润色，只管记录，想到什么记什么。经过这样的反复思考和反复提炼，最终能够使我们的工作经历更加贴合目标职位的招聘需求。

（3）归纳整理上一步的记录，对语句、顺序、表达方式进行不断优化和调整，认真揣摩每一句的遣词造句，多在简历中使用招聘岗位描述中的题眼，通过简历突出自己胜任职位的能力。

在简历设计过程中，尽量少进行主观评价，尽量多用客观和量化的描述去设计简历。经验告诉我们，摆事实才能讲道理，数字化和量化描述更有震撼力和说服力，这是一种有效且低调抬高自己格局的策略。对工作经历进行客观描述时最好覆盖两个关键：工作职责和工作业绩。工作职责的重点在于说明自己做了些什么，而工作业绩则说明做得好坏、取得的成就，HR 最看重的是工作业绩而非工作职责，对工作业绩重点描述绝对能够让简历脱颖而出。

有些朋友在简历中对前公司或者前领导、同事有消极负面的评价，虽然很可能说的是事实，我们的出发点也很单纯，仅仅是实话实说，但是诚实并不代表想到什么就说什么，过于负能量的诚实对团队往往弊大于利，团队更加需要积极向上的正能量。还有些朋友将过往事无巨细地写入简历，要知道简历寸土寸金，平淡无奇的小事建议省略，太多鸡毛蒜皮的小事会拉低整个简历的水平。

如果我们的目标岗位不止一个，而且差别较大，一定不要怕浪费时间，针对不同的岗位准备不同的简历。世界上没有万能钥匙，一把钥匙只能开一把锁，同样也没有一份简历能够投遍所有公司的，最好的做法是一个职位对应一份定制化的简历，这个策略非常耗时、耗力、耗神，建议用于朝思暮想的职位或者把握很大职位，确保一击即中。一类行业或一类职位准备一份简历，这个策略很好地平衡了投入和效果之间的关系。最不建议的做法是一份简历海投到底，那样只能听天由命了。

一份让人无法拒绝的简历仅仅是起点，接下来还需要投递给目标公司，这就涉及简历投递的邮件撰写，通过邮件撰写凸显自己的专业水平。

首先使用正式一点的邮箱，“正式”体现在两个方面。其一是邮箱名字尽量是姓名或者常用 ID 的字母组合，不要出现诸如 kissme 之类略显随意的邮箱名字，其二是尽量不要用 @qq.com 的邮箱，如果一定要用 QQ 邮箱，可以使用腾讯提供的 Foxmail 邮箱。

邮件的标题不要惜字如金，比如只写“简历”两个字甚至没有标题，也不要啰里啰唆一长串标题，简单明了的标题最好，比如：[名字]+ 应聘 +[公司名称]+[职位名称]。

邮件的附件很关键，首先千万别忘记上传附件，防止忘记的窍门是养成写邮件时，先放附件再写正文的习惯。简历的格式使用 PDF 或者 WORD 格式都可以，两者各有千秋。PDF 显示效果好，而且可以避免 OFFICE 版本不同导致打不开的问题，同时也能保持跨平台阅读体验的一致性；WORD 格式便于 HR 复制粘贴或修改标记。附件简历的命名要使用有意义、突出自身优势的命名方式，可以是［名字］+ 应聘 +［职位名称］简历，更好的是［名字］+［职位名称］+“优势点”，比如“10 年经验 _200 人管理 _ 简历”。

邮件正文的抬头称呼，如果不知道对方姓名就写“您好”两个字即可，如果知道对方名字就写 ×××（姓）先生或者 ×××（姓）女士。在邮件正文里简单说一下自己的基本情况和要应聘的职位名称，提醒对方查收附件中的简历，无须长篇大论，突出重点就行。最后使用诸如“如果有任何问题或者疑问，欢迎随时联系，谢谢”的语句收尾。

如何搞定面试官

面试是简历关过后的下一关，也是很多人最不想面对的场景。面试是一种考试，我们从小到大的教育环境导致我们过于看重考试的成败，把面试表现和自己的能力对等，面试的遇挫甚至可能会让我们怀疑人生。

面试也是一种沟通方式，和其他的沟通方式一样有其目的性，在洞悉对方目的和自己目的的前提下，找到让面试沟通过程服务于面试目的的技巧，就可以搞定面试。天下武功皆有招法，有招法就有破法，有句话叫作“上有政策，下有对策”，还有一句话叫作“道高一尺，魔高一丈”，招聘面试亦是如此。所有的面试从理论上都可以找到破解命门，也就是说完全可以通过提前精心准备，达到极大提升面试成功率的目的。这里强调的是成功率提升而不是 100% 保证面试成功，招聘面试不同于客观题考试，主观、运气、潜规则等往往会成为主宰因素，我们能做的是尽量增加成功概率，其他的就交给命运。

比我们的对手更了解对手

面试就像游戏的打怪升级，需要我们过五关斩六将，在面试闯关之前非常有必要了解双“guān”：面试关和面试官。

基于我十余年的职场经历和走访企业 HR 的“大数据”统计分析，不同公司、不同职位的面试关数虽然不尽相同，比如谷歌的面试大约五关、腾讯的面试大约四关，但是从分类来看，HR 面试、专业或直接领导面试、大领导面试往往是绝大多数求职者必闯的三关。根据公司不同，HR 面试和专业面试的顺序可能不同，专业面试的面试官可能是未来的直属领导，也可能是平级的专业骨干，不过没关系，我们需要关注的不是顺序和面试官职位，而是面试官角色和其关注点的差异。

（1）HR 面试官：HR 关注重点在候选人的职业素质、应聘动机、稳定性、薪资要求层面，HR 不会过多地过问业务或者技术细节，就算有也是通过求职者对业务或技术的回答，来判断其逻辑思维能力、表达能力和归纳能力等软技能。HR 面试官往往会通过故意挖坑的方式来测试求职者的综合能力，越优秀的 HR 越会挖隐形的坑，这一点需要在面试沟通中多加留心。如何应对这些隐形的坑呢？建议大家有机会的时候研究一下 HR 常用的 STAR 面试法，围绕简历内容在 Situation（背景）、Task（任务）、Action（行动）和 Result（结果）方面提前做好准备。

延伸阅读
手机扫一扫

STAR论

- 什么是STAR面试法？
- STAR的主要核心原则
- STAR带来的启示

扫一扫

（2）专业面试官：专业面试官一般没有太多的坑给我们跳，他们的问题往往更加直接、更加关注实用性，毕竟他们是直接用人方。专业面试官的关注重点在于专业能力匹配度、工作经验契合度、工作敬业度、快速学习度等方面，面对专业面试官，我们需要展示自己在专业能力方面的深度和广度，对大公司而言主要是专业能力深度。一般情况下，专业面试官不会特别关注我们的期望薪资、应聘动机等方面。

（3）领导面试官：领导面试官可以说集成了 HR 面试官和专业面试官的关注点，领导面试官的关注重点相对比较综合且更加看重前面 5 分钟的表现。第一印象非常重要！如果领导面试是最后一轮，往往会结合前面几轮的反馈，有重点地面试并最终拍板，专业度、职业素质、团队精神等方面都可能涉猎。正因为这一轮的存在，建议如果有可能的话，前面每轮面试后都尽量想办法获取面试反馈，为后面轮次的顺利通过提前做好准备。

面试准备：不打无把握之仗

当我们接到电话，确定面试日期时，一定要给自己留出 3 ~ 5 天的时间为知己知彼做充分准备。围绕公司情况、岗位情况、常见问题等收集资料和整理回答，把所有问题的答案提前想好写在纸上，这样有助于我们在面试时发挥，不要小看这种做法，最笨的办法往往是效果最好的办法。下图展示了一些常见的问题，真正面试时需要具体问题具体分析，增加补充个性化的问题。

* 公司现状：所处行业、员工人数、公司产品、融资规模、财务收支、近一年新闻
* 岗位介绍：再次阅读和分析岗位介绍，挖掘岗位描述中的重点
* 自我介绍
* 为什么要换工作
* 目前薪资结构和期望薪资
* 自身的优点和缺点
* 未来3~5年的职位规划
* 对行业的理解和思考
* 对应聘岗位职责和价值体现的理解
* 自己胜任应聘岗位的理由
* 专业相关的具体问题（需要结合简历提取）
* 简历上面的亮点或疑点
* 要提问的问题

当我们把面试过程中所有可能的问题都提前精心准备好、记忆好、彩排好之后，面试的紧张、乱语等现象将会大大降低。我们之所以紧张往往是源于未来的不确定性，当未来确定了，当面试中可能遇到的问题都提前准备好了，让我们紧张的因素自然就烟消云散，我们真实的实力才能更好地展示给面试官。

面试沟通现场：最好的防守是进攻

如果把自己过往履历视为产品，面试现场就是一次营销过程。营销最重要的是把握消费者的购买心理，让自己的产品契合其心理。一个优秀的销售不会被消费者牵着鼻子走，而是把产品卖点有机融合到回答中，通过对消费者问题的回答，抓住一切机会，通过各种方式放大产品

的特性，放大消费者的痛点。对应到面试现场，就是下面最核心的两个原则：

> 跳出问题的束缚，引入履历的亮点
> 化被动为主动，创造平等流畅的氛围

一问一答、不问不答的面试过程略显枯燥，特别是问题间隙空白期的死寂往往让双方都非常尴尬。很多人在面试中，自始至终都是机械式回答面试官的一个个问题。虽然这是场让我们紧张的面试，但是所有的沟通中，沟通当事人都期望沟通是富有成效和舒服感十足的。

那如何营造舒服和愉悦的沟通氛围呢？曹操赤脚迎许攸和刘备三顾茅庐的故事是三国时期的面试场景，我相信许攸、诸葛亮在回答问题时，一定将自己独到的见解非常好地融入了回答之中，并且顺利引出了自己的提问，进而双方针对共同问题展开了观点碰撞，一旦碰撞，火花就出来了，这就是英雄所见略同的惺惺相惜，事情自然就成了。

面试问题的回答有三个技巧。

第一，将自己过往经历和能力的闪光点有机融入问题的回答中，让每一个问题的回答都成为展示自我能力和业绩的载体。举个例子，一位求职者去一家极具增长潜力的创业公司面试，面试官问：如果让你选择的话，你会去巨头公司还是创业公司呢？让我们分别看一下不同回答的场景。

一问一答机械式面试场景（下策回答）：

> **面试官：**如果让你选择的话，你会去巨头公司还是创业公司呢？
> **求职者：**如果同等条件下选择的话，我会优先选择大的平台，大的平台能给我带来更高的视角，工作更加规范，对我职业成长的帮助会更大。

一问一答机械式面试场景（中策回答）：

面试官：如果让你选择的话，你会去巨头公司还是创业公司呢？

求职者：我更希望选择创业公司，因为创业公司更加有激情和活力，工作起来更加有成就感，而且对人的锻炼是全方位的。

一问一答融合式面试场景（上策回答）：

面试官：如果让你选择的话，你会去巨头公司还是创业公司呢？

求职者：我更希望选择创业公司。原因有3点：

第一，创业公司成长快、决策快的特点对能力要求更高，我之前在xxx创业公司担任xxx职位的经历，可以帮助我在创业公司更快更好地适应并作出成绩；

第二，创业公司在迅速做大做强之后终究会成为大平台，而我在xxx巨头公司的工作经历能够让我在创业公司转型中提供更多的帮助和贡献。

第三，我非常享受和一家公司一起成长和发展的过程，而在创业公司，这一点更有优势。

在这个面试场景中，下策回答之所以是下策，是因为在应聘创业公司时，他要么没有提前调查应聘公司的背景，要么就是过于“诚实”；中策回答之所以是中策，是因为仅仅是机械式的一问一答，并没有在回答中展示自己的亮点，也没有展示自己能够给目标公司带来什么价值；而上策非常巧妙地通过回答，融进了自己过往经历和应聘优势，并且突出了自己能够给公司带来的价值，条理化的列表式回答也展现了求职者优异的逻辑思维。

第二，问题回答过程中，适当引出一些抛向面试官的问题，这样做的好处是化被动为主动，同时也能体现自己的独立思考和对目标职位的关切。很多时候面试问题并没有绝对正确的答案，特别是非技术类的面试题，对于此类问题的回答，直接给出答案并非最佳选择，要分门别类地针对不同场景给出不同的答案，最后顺理成章地询问面试官属于哪一种场景。这样回答的好处有三：首先，只有双向沟通才能营造愉悦的氛围，面试官向求职者提问是单向沟通，通过对问题的回答自然引申出提问，可以促进真正的双向沟通；其次，在沟通中提问可以更加深入地了解应聘公司的真实现状，让自己对公司和职位的判断更加全面，毕竟面试也是一个双向选择的过程；最后，通过回答中的提问，间接展示自己的思考力和对公司职位感兴趣的态度，这也是面试官希望看到的现象。

第三，回答问题需要重点突出，紧扣问题本身的同时体现逻辑性。逻辑性的展现也有技巧可循，最快的训练方式就是固化回答问题的模式，使用常见的回答套路，比如“我个人认为有如下几点：第一……第二……”“这个问题取决于具体的情况，如果……则……；如果……则……”都是可以在面试准备阶段和面试过程中使用的语句模式。

面试沟通跟进：风物长宜放眼量

面试结束后不要只是傻傻等待，主动跟进也是职场中非常宝贵的意识和能力，其好处不言而喻。

如果此轮面试通过，与面试官建立良好的联系并保持适当互动，有机会获取下一轮面试的关键内幕信息，比如下一轮面试安排、面试官是谁、面试官的基本情况、面试官的喜好等。

如果此轮面试不通过，可以尽早获取结果，便于后续安排，更重要的是能够从面试官处获取未通过的原因，总结经验教训，同时对面试官的感谢无疑有助于提升我们在他心中的形象和积攒足够的人品，双方成为朋友也不是没有可能。工作时间长了会发现圈子很小，没准若干年后又见面了呢。

有人可能会问，没有面试官的联系方式怎么办？首先，HR 面试官的联系方式我们必然有，其次，每轮面试，HR 一般会把姓名、电话提前告诉我们，假如不告诉我们，我们也可以大大方方去问，这其中最重要的理念是，把面试官当成我们的人脉去经营。

面试沟通复盘：越来越好的诀窍

面试最大的意义不在于面试的 60 分钟，而在于面试后的复盘总结，通过复盘更好地沉淀自己得到的信息、经验和教训，提升下一次的面试表现，面试复盘可以围绕以下三点展开。

（1）回答得不太好的问题，下一次如果再被问到，将如何回答得更好？

（2）所有问题的回答，有没有更好的答案？

（3）面试中暴露出的自身的短板，如何在下一轮面试前有针对性地强化训练提升？

面试官通过沟通决定是否选择录用我们。换位思考，站在面试官的角度，他会基于我们的简历对我们的情况做初步了解，并且希望通过沟通来印证一些判断或者假设。面试 60 分钟，取胜的关键不是把过去的经历统统塞给面试官，而是认真聆听、挖掘面试官问题背后的疑问或预设，然后通过自己的表达将过往履历充分展现，打消面试官的疑虑，进而“牵手”成功。

虽说“隔行如隔山”，但是“隔行不隔理”。

从第一步比我们的对手更了解对手，到第二步不打无把握之仗，再到第三步最好的防守是进攻，第四步风物长宜放眼量，最后到第五步面试沟通复盘，你有没有瞬间顿悟，这一套方法论不仅可以用在面试场景，也可以用在其他大多数沟通场景。

比如工作汇报场景，我们需要了解汇报对象关注什么、无视什么、对什么感兴趣，此为比我们的对手更了解对手；精心准备汇报材料，避免一问三不知，此为不打无准备之仗；面对提问时，把每一次提问都视为展示工作方案的机会，此为最好的防守是进攻；在当众汇报后，针对汇报的所思所得，向领导私下讨教，此为风物长宜放眼量；汇报结束后，总结汇报的经验教训，以期待下次发挥得更好，此为沟通复盘。

类似的场景还可以举出很多，当掌握了这套思维的底层逻辑，将职场精进之道融会贯通，我们就可以像武侠小说中幻化无形的高手那样摘叶伤人，在变化中招招制胜。

PART 6 团队精进

你我的必经之路

每个人都要走向团队管理

团队管理乍一听感觉只和管理者有关，和其他人关系并不大，真的是这样吗?

探寻这个问题的答案需要回到通常的职场场景。身在职场，无论我们在职场中是什么角色，我们的一切行为都是在团队大环境中发生和上演，我们只有了解了大环境的方方面面，才能有助于职场的提升和发展。一些朋友说，我就想永远安安静静地做一个开发工程师，不幸的是当今社会和公司大环境不会允许这种现象发生，江山代有人才出，公司更愿意雇佣能加班、薪资要求又不高的年轻人。开发工作向上提升必然接触团队管理，终有一天我们每个人都将主动或者被动地走向团队管理，除非我们打算就此沉沦。

假如我们是创业者，一个公司就是一个大团队，无论是IT行业还是餐饮行业，或是装修行业，有人的地方就有团队，如何带领团队和管理团队将是创业者的必修课。

由此可见，团队管理和每一个人息息相关，公司是团队，部门是团队，项目是团队，家庭也是团队，身在其中哪有不去了解和掌握的道理。

你的团队缺人吗?

团队管理始于团队组建，团队组建的思维惯性可能正在影响我们大多数的人。当团队工作量增加时，我们第一反应是缺人，然后向上级申请招人，上级同意后的几个月内，HR部门招齐了我们想要的人，看到队伍再次壮大，我们心满意足。未来有一天再次收到新任务，又继续重复招聘过程，团队人员越招越多，导致人浮于事，内耗严重，而业务量并没有随着人数的增加呈现同比例增长，最终不得不走向大裁员甚至团队崩盘的局面，一切又重新归零。

这些年，我亲眼目睹和经历了太多上述情景中的招人和裁人案例，一次次的轮回中，受到伤害的永远是员工，可是为什么这样的轮回仍然屡屡上演？面对这样的团队，我其实最想问一句话：团队真的缺人吗？

毫不夸张地讲，大多数团队管理者都感觉自己人手不够，在各种场合诉苦工作超负荷，吵着嚷着要招人。不仅是管理者，我们每个人在了解一家新公司或者新团队时，往往开口的第一个问题就是：你们公司（团队）多少人？假如对方人数较少，我们就会认为公司（团队）肯定不靠谱，仿佛人数已经成了衡量公司（团队）成功的标准。从小到大的教育让我们一直坚信人多力量大，坚信人多好办事，学生时代的思维放到团队管理上，直接导致管理者认为一个团队如果没有足够多的人员，就不是一个强大的团队，就无法保质、保量地完成任务，无法实现团队的宏伟目标。

团队也好，公司也好，个人也好，任务其实永远都做不完，而且只会越来越多，不会越来越少，其中的关键在于对待办事项的断舍离。

可以做一个简单的测试，把团队要做的所有事项按照优先级排序，然后思考，重要性排在后半部分的事项真的有必要做吗？如果不做团队损失严重吗？甚至我们可以尝试不去做这些事项，看看天会不会塌下来。事实上很多事项不做没有任何问题，但是为什么还要放在团队待办事项清单中呢？为什么不直接删除呢？创投圈流传着一个真实案例，某创业公司由于盲目扩张导致资金链吃紧，不得不裁员一半，后来发现业务几乎没有受到影响。眉毛胡子一把抓的后果是，团队越来越臃肿，越来越没有效率，因为并没有集中优势兵力放在重点事项上，一个没有效率的团队最终也会无疾而终，虽然看起来是那么忙忙碌碌。

乔布斯说过，一名优秀的员工可以顶 50 名平庸的员工，并不是说一个人可以干 50 个人的活，而是优秀员工可以影响很多人。很多优秀的小团队也能够创造伟大的产品，比如：

- WhatsApp 被 Facebook 以 190 亿美元收购时，只有 35 名工程师。
- Instagram 被 Facebook 以 7.15 亿美元收购时，只有 13 名员工。

- 估值为 102 亿美元的游戏公司 Supercell 只有 190 个人。
- 13 人做出的 Mailbox，在一年内被 Dropbox 以一亿美元收购。
- 唱吧在拿到千万美元投资时，团队只有十几个人。

看到这里，我们还认为自己真的缺人吗？

高效团队四原则

人招进团队后，我们会怎么安排呢？很多人给我的回答是，招进来就用啊，不然招进来干什么呢。听到这个答案其实我有些失望，很多团队管理者把招人进来作为终点，认为人员一旦招聘进来就大功告成，我也发现持这种管理认知的人，特别喜欢招进来就能干活、出活甚至独当一面的人，这是团队管理者的懒惰。我们在组建团队时容易陷入另一个误区，总期望进来的人文武全才，样样精通，可以凭借一己之力拯救业务或者团队于水火之中，我只能说这是美国超级英雄大片看多了，这样的经天纬地之才少之又少，可遇而不可求，作为团队管理者首先要认清这个现实，然后引进在某一领域具有一技之长的人才，通过创造良好的条件使其充分发挥特长。人员招聘进来只是开始，如何让新人融入公司的价值认知体系，如何将新人和老人拧成一股绳而不是一盘散沙，是团队管理者非常重要的职责。

公司的高效发展依赖高效的产出，高效的产出依赖高效的团队，高效的团队依赖团队精神，团队精神的内涵是人心凝聚，所以管理团队要从心开始。团队原则、团队目标、团队分工、团队授权等都是团队管理的外在手段，每一个手段都不能离开“心”！

1. 给团队定原则、定制度是团队走向高效的前提

提到团队原则，不得不提自组织团队。自组织团队是企业最期望的团队组织形态，但是很多企业在尝试自组织团队时，发现效果往往不理想。自组织团队的管理理念来源于美国心理学家道格拉斯 · 麦格雷戈的

明，责任到人才不会出现推诿扯皮的现象，奖罚分明才能有执行原则的依据。令行禁止说起来容易，真正执行的时候往往令人投鼠忌器，前怕狼后怕虎，最后不了了之。

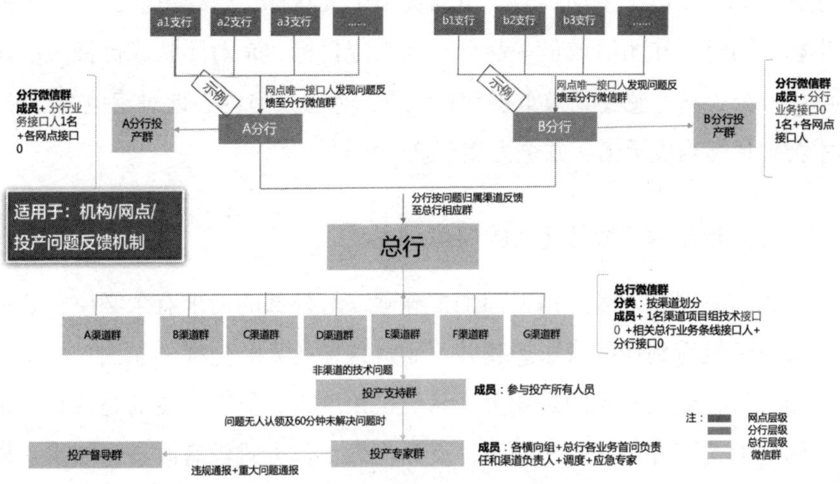

2. 高效团队的目标清晰一致

我们的团队有明确的目标吗？不要着急回答这个问题，先做一个小测验。

背对背让团队管理者列出他认为团队成员当月手头上最重要的三件工作，让团队成员列出他认为最重要的三件工作。对比管理者和成员的答案就能知道团队的目标是否一致。如果双方列出的三件重要工作完全一致，恭喜，我们的团队有明确的目标且理解一致；如果双方的三件重要工作不尽相同，则团队管理者需要自我反思和改进，这不是团队成员的责任，而是团队管理者的责任。

目标清晰一致需要通过目标分解达成，将目标分解到可执行和可验证的任务层级，否则，目标就仅仅是高高在上的无法实现的愿景。目标一定要具备可以分解的特点，并且只有分解到任务层级才能点燃员工的希望和热情，让团队成员为之兴奋和疯狂。没有目标的团队就是混沌一片，不知道未来的发展方向，这样的团队要么浑浑噩噩，做一天和尚撞一天钟，要么人才流失殆尽。

团队目标的分解一定要落实到个人，并且是唯一责任人，否则这个目标很可能就是团队管理者自己一个人的目标，一定要和团队成员一起分解目标，让员工主动参与、主动提出个人目标，这样更能激发成员的斗志。同时，和团队成员一起分解和制定目标，是对团队成员最大的认可，一个人只有感受到被重视和被认可，才会发自内心地对待他的任务，才会把目标当成承诺，并全力实现这个承诺。

3. 人尽其责是高效团队的保障

我们周围有许多人每天都忙忙碌碌，对外部的请求有求必应，晚上加班时总能看到他的身影。我并不欣赏这样的人和这样的做法，从企业的角度讲，企业需要的是功劳，从员工角度讲，员工需要的是成长。忙忙碌碌的苦劳并不能带来功劳，反而代表工作方式没有改进，如果这样的人恰恰是团队管理者，那么会对团队造成最大的伤害。作为团队管理者，如果没有摆正自己的位置，不清楚自己该做什么、不该做什么，将直接影响团队成员的做事行为和习惯。这是一个工作越来越复杂、分工越来越细的时代，时代的特点决定了团队的发展无法靠几个人的力量，必须且只能靠团队全体成员共同协作。人尽其责、各司其职才能成就高效团队，当所有人都把分内的工作做好后，团队的高效发展自然顺理成章。

团队管理者的职责是指明方向、激励团队和指导团队。春节前夕，我组织事业部全体成员召开了一场新年启动会，新年启动会的目的有二：其一指明方向，团队辛苦一年后迫切希望了解来年的发展规划；其二激励团队，事业部需要通过激励稳定军心和点燃士气。启动会中有一个环节是所有人在白板上写出新年愿望，每个人的新年愿望都很朴素，诸如成功、挑战、长知识、涨薪水等，愿望越朴素平实就越有震撼力和力量感，当我看到满满一白板愿望时，内心再次感到责任重大。

新的一年如何实现和达成愿望依靠团队管理者的方向指引。继续走以前的路明显缺乏想象空间，走新的路又充满风险和不确定性，向左走还是向右走是团队管理者的首要抉择。

如果说团队成员是一堆干柴，那么团队管理者就是火种，用火种点燃干柴才能形成烈火，不然只是小小的火苗。点燃干柴依赖的是激励，激励无处不在，新年启动会上对产品的系列介绍就是一种激励方式，让所有人了解事业部的产品优势，激发大家对产品和团队的信心。团队管理者只有将激励职责真正做到位，团队成员才能够被点燃，团队才有可能成为自组织团队。

团队管理者的第三个职责是指导团队。团队成员遇到困难或者出错在所难免，此时更需要管理者的指导和帮助，而不是谩骂和指责。谩骂和指责无法解决根本问题，无法帮助团队走向卓越，只有指导才能真正帮助其成长，才能在团队成员心中种下感激的种子，这棵种子未来长成参天大树，最终让团队管理者“大树底下好乘凉”。我一直坚持绩效管理的重心在绩效辅导而非绩效考核，可是许多公司直接用“绩效考核”的称呼取代“绩效管理”。考核是一种居高临下的姿态，是一种最后才发生的行为，就像学生时代每年期末考试都是学期结束后才进行。可是学生成绩的好坏并不依赖于考试，而依赖于整个学期的学习和老师的辅导，团队管理也是如此。

4. 团队授权：解放自己 + 点燃员工

在农业和工业社会，绝大多数的人从事体力工作，那时的团队管理注重质量和效率，从绩效上也考核质量和效率，团队管理的重心是监控管理。毕竟体力工作的成果完全可以用数量和质量来衡量，例如流水线上的装配工作，一天装配多少个零部件，零部件装配的质量好坏都很容易检测出来。

事无巨细地亲自过问、监控的管理模式，在崇尚脑力和知识的今天已经越来越不适用，互联网时代的智力密集型工作无法用工业时代的团队管理模式来管理。如果我们制定的产品策略南辕北辙，即使产品开发速度和质量无与伦比，结果依然会不尽如人意。这个时代做“对”比做“快”更加重要，方向错误，做得越快损失越大。那我们应该如何进行团队管理呢？既然无法用工业时代的制度去提升团队成员产出，我们就需要创新管理思路，从内点燃成员、帮助成员，通过团队成员的自驱力激发每个人的效能。

授权就是一个非常好用的点燃团队成员的手段。今天我们的团队成员是在改革开放红利中长大的一代，相比上一代，他们更加关注自我、关注成就感。对这一代成员的管理就像头狼管理狼群那样，头狼再厉害也很难单枪匹马成功围堵猎物，如果团队管理者任何工作都去过问，所有事项都去插手，将直接扼杀成员的创造力和主动性。当团队成员所有的行为都受团队管理者的审视，当所有的决定都来自团队管理者时，团队的发展空间必然受限，没有头脑风暴、没有观点碰撞、缺乏活力和创新，团队成员没有提升空间，也得不到享受成就感的机会，优秀的团队成员会选择离开，留下的是按部就班、懒于思考的平庸成员。一旦团队决策失误，所有责任都落在团队管理者一人身上，团队成员事不关己置身事外，这样的团队只能称为团伙。

作为团队管理者，每一个人都可能因为遇到问题来向我们求助，每一个问题貌似都和我们有关，这是团队管理的客观事实。授权的另一个作用是解放自己，让团队管理者聚焦关键工作，将无须亲力亲为的工作授权给成员完成，让自己摆脱假忙碌状态。很多管理者虽然表面上认同授权的重要性，但是真正开展工作时依然我行我素，凡事都亲力亲为，事无巨细都插手干预，典型的“劳模”作风，究其原因，是内心割舍不下一线工作的成就感，但是很不幸，管理者的职责决定了其成就感来源于团队成员的成就，管理者是通过别人而非自己实现自身价值。一旦团队管理者干涉过多，团队成员就会越来越依赖管理者，思考能力越来越退化，自信心越来越少，久而久之团队成了一盘散沙；而另外一些管理者不授权是因为不放心，认为自己能力远超团队成员，成员没有能力独立将工作做好，结果团队成员没有了成长空间和发展机会，而管理者本人也每天累到吐血。

有效的授权需要结合成员的能力水平和他的发展方向来分配待授权事项，授权不是把本属于自己的职责和工作全部丢给成员，自己在一旁偷懒，有些工作适宜授权，有些不适宜，团队管理者的核心岗位职责诸如团队发展规划、人员培养机制等，需要团队管理者独立完成；涉及战略、方向等关键的工作不适宜授权，这个可以归类于重要不紧急事项，需要由管理者亲自完成。战术工作、执行工作则可授权给成员完成。

授权要权责对等，特别是权力要明示。有责任时必须要有权力，要明确告知和公开被授权人的权力。很多管理者在下属出问题时破口大骂："我不是已经授权给你了吗？"员工往往很委屈："什么时候授权了？"此类管理者认为授权就是布置和安排工作，严格意义上讲这不是授权而是授责，把责任安排下去，但能够保证这项工作顺利完成的调度权力、考核权力、财务权力等压根没提，导致被授权人难以顺利开展工作。管理者一着急亲自上手，在凸显自己能力的同时，又认为被授权人能力不行，让被授权人无处说理。

不同的人使用不同的授权策略，撒手不管只适用于被授权人能力高，足以实现目标的场景，大多数情况下管理者需要通过监控和定期听取汇报等机制避免工作失控。监控要从指导和建议的角度出发，从共同达成既定目标的角度出发，而不是指责和怀疑。有效授权的背后是信任，不要因为过多的干涉和指责让被授权人畏首畏尾、心生退意，那样就丧失了授权的价值。

马斯洛需求层次学说告诉我们，每个人都希望获得成就感，外在成就感的来源是奖励和认同。

奖励和认同的话要勇敢说出来，说的内容一定要具体，只有具体才更有震撼力，具体到具体事项和具体工作，而不是泛泛地说一句辛苦了。奖励和认同的话要及时说出来，当时发生当时说，不要过夜或者过了几天才说。即时的奖励最重要，就像游戏的设计理念，打死一个怪兽马上就掉下宝贝，这样的激励最有效用。

不要只用简单的物质奖励，有时精神奖励比物质奖励更加有效，如果我们了解赫兹伯格的双因素理论[①]，我们就会明白给团队成员以成就激励和精神奖励，反而能够更好地激发团队。物质奖励是由外到内的激励，精神奖励是由内到外的激励，奖励要结合个性化需求展开，比如没日没夜加班半年后项目终于成功上线，此时团队可能需要的并不是奖金，而是一个惬意的假期，再比如现在很多年轻人并不把金钱放在第一位，他们更在乎存在感，但是还有一些背负房贷的人更倾向选择物质奖励，所以把奖励做成选择题，各取所需，岂不更好。

做得好要即时奖励，做得不好一定要即时指出和处罚。没有处罚是对做得好的团队成员的隐性不公平，处罚的目的是帮助团队成员更好地进步，而非为了处罚而处罚，更不是落井下石。指出问题和处罚需要掌握时间和场所，处罚的依据一定要确保提前宣布到位和讲解到位，不能让团队成员在不知情的情况下莫名其妙受到处罚。成员受到处罚后情绪往往会陷入低落期，工作状态可能会受到影响，所以在处罚后需要额外关注和指导，并且在其取得阶段性成果后马上奖励，这样做一方面维护了处罚的原则和底线，另一方面也能让团队成员快速走出低落期。总结就是：先批评、再指导、再激励。

团队管理中的“疑难杂症”

团队管理是一个听起来容易，做起来也不是特别难，但是看到效果却非常难的软技能。作为团队管理者或者团队成员，我们有没有经历过或者看到过下面的种种情景？

---

① 双因素理论：又称激励—保健理论，美国心理学家赫兹伯格于 1959 年提出。他把企业中影响员工绩效的主要因素分为两种，即满意因素（激励因素）和不满意因素（保健因素），激励因素与工作本身相关，包括成就、赞赏、晋升等；保健因素包括同事关系、工作条件、工资等工作以外的因素，只有激励因素得到满足才能调动人们的积极性；不具备保健因素时将引起强烈不满，但具备时并不一定会调动积极性。

情景一：团队建设

听起来：团队建设很重要，有助于团队凝聚力的提升和团队氛围的打造。

做起来：团队时不时聚个餐，周末郊区来个拓展训练，KTV轰趴馆也是经常光顾。

实际效果：团队建设现场你好我好，氛围融洽到让所有人感动，回到工作时一旦出现问题，还是各种踢皮球、推卸责任、没有担当，团队还是一盘散沙。

情景二：群策群力

听起来：团队决策需要发挥团队每个人的创造力，要集思广益而不是独断专行。

做起来：团队决策现场，管理者苦口婆心鼓励大家踊跃提出自己的想法和建议。

实际效果：决策现场依然一片死寂，人人秉承沉默是金的原则，即便有人提出自己的想法，也是无关痛痒的套话，无法触及本质和根源。

情景三：扁平化管理

听起来：团队需要扁平化管理，减少上下级隔阂，要讲求平等，尊重团队成员。

做起来：团队成员处理工作有问题、有失误，考虑到最近成员都十分辛苦，为了不打击其积极性和顾及面子，团队管理者费尽心力旁敲侧击、委婉提示。

实际效果：出问题的成员依然工作照旧、方法照旧，不知道是真没听懂还是装作没有听懂。

情景四：沟通渠道

听起来：团队管理的关键在沟通，要和团队成员保持顺畅和密集的沟通。

做起来：团队管理者花费了大量的时间、精力和每一个团队成员开展非正式沟通、绩效指标沟通、绩效辅导沟通、绩效评定沟通、工作方法沟通等。

实际效果：沟通效果一般，从沟通前和沟通后的表现来看改善不大。

四个场景都是团队管理中最常见的管理场景，“听起来”部分都是我们在各种管理学中经常看到的管理知识，“做起来”和“实际效果”部分都是我们在践行管理知识过程中经常遇到的现象。很多管理者非常负责，可以说为了团队绞尽脑汁，操碎了心，但是往往收效甚微，给人一种有劲使不上的无力感和挫败感。这是为什么？

世界上所有问题的解决都遵循一个朴素的流程：

问题表象—问题原因—问题应对—问题解决

当我们遭遇任何问题时，着手解决之前先要识别问题的表象，也就是这个问题是什么，带来了什么影响，影响程度有多大，然后通过对表象的研究分析找到背后的根本原因，继而才是针对根本原因思考应对解决之道，最后运用解决之道将问题彻底解决。牛顿发现万有引力、SARS病毒疫苗研究、腾讯布局移动支付、银行系统投产上线等过程中遇到的问题，均在此流程指导下成功攻克，但是当我们尝试用它去解决管理问题时，往往并非每次都好使，这又是为什么呢？

我们经常提到，管理是世界上最难的事情之一，因为管理不仅涉及组织管理，也同时涉及对人的管理。组织的企业文化、价值观、治理理念、组织结构，以及每个人的背景、情绪、立场、动机，种种因素叠加交错会带来意想不到和难以琢磨的结果，进而导致管理失效。在这样的背景下，如果想解决具体的管理问题，需要站在组织角度和个人的角度去思考，不仅对事，也要对人。

我们经常说“对事不对人”，这里说的“不对人”更多的是避免人身攻击和诋毁人格，而不是说不考虑个人的立场、动机等关键因素。团队管理问题之所以复杂，是由多种显性和隐性的原因造成的，当你试图透过表象挖掘背后的根本原因时，无论有意还是无意，都将或多或少涉及追责，无论我们多少次公开声明寻找原因并不是为了追究个人的责任，还是很少有人会相信我们，他们更愿意相信我们只是表面不追责，而在内心早就记上了一笔，这一笔直接影响其未来的职场发展。

“问题表象—问题原因—问题应对—问题解决”流程之所以无法百分之百对团队管理问题有效，究其原因，本质上还是人的问题。人是非常复杂的，我们经常在职场和生活中看到沟通双方争辩得耳红目赤，为了捍卫自己的观点绞尽脑，最后才发现双方根本不在一个频道上，说的完全是不同的事。此类现象背后的根本原因是，当有不同的声音出现时，我们第一反应往往是自己的权威、尊严受到了挑战，所以下意识将注意力集中在如何反驳对方上，以此捍卫自己的荣誉，避免让自己难堪，而并没有去听和思考对方提出的观点和想法。

有句话叫作“严于律己，宽以待人”，这句话说起来容易做起来难。当问题发生在别人身上时，我们很容易评判，当问题发生在自己身上时，我们却很容易找借口说是不可抗力。基因决定了我们在遇到问题时，第一反应是自我保护，进而推卸责任。在这个过程中，职场厚黑学粉墨登场，“先下手为强”“设置彻查障碍”“提供虚假信息”“做表面工作”等手段纷纷出动，这一切都给团队管理者探清原因徒增了很多障碍，进而导致无法触及根本原因，结果也是不了了之。

解决利己主义的影响，需要团队管理者化身福尔摩斯大侦探，关注所有的客观证据，而非主观描述甚至主观推断，透过蛛丝马迹的现象剥丝抽茧，探求问题背后的根本原因。具体来讲，以问题解决为目的的所有谈话、会议等都需要聚焦在客观、量化的事实上，而不是上来谈感受和看法，这样不仅无助于问题的解决，还容易混淆视听。作为查明问题的第一责任人——团队管理者，首先需要收集客观和全面的事实，然后听取各方的补充看法，因为虽然量化数字很有说服力，但是数字也有其片面性和误导性。最后独立做出决策，并陈述决策背后的原因和思考，让团队人员心服口服。

找到了问题背后的根本原因，并且制订了针对性的应对措施和方案就大功告成了吗？未必。中医崇尚“信则灵”，一方面因为信心对治愈疾病的作用有目共睹，另一方面中医讲究阴阳、经络和气，是由内及外去治愈疾病，相对见效慢，而很多病人得病后十分心急，往往在吃了几服药后不见效果就停止治疗，否定医生和中医，殊不知不见效果的原因很可能就是未遵医嘱坚持治疗。

管理也是一样，再好的管理体系和管理决策，如果在执行中浅尝辄止，没有耐心严格按照“医嘱”治疗，那么也将收效甚微。解决团队管理问题，相比为团队管理开出的灵丹妙药来说，更加重要的是贯彻执行。措施执行不到位的原因错综复杂，其中最常见的原因依然是人的原因，当团队成员接受应对措施和改进建议时，他的潜台词是自己之前做错了，自己的能力受到了质疑，很可能团队成员会表面接受，背后设防，从而让“疗效”大打折扣，用于证明自己原来没错或者新的应对措施还不如自己之前的方案，最后管理者也慢慢失去了自信，怀疑之前的措施和方案真的欠考虑，于是又开始新一轮的排查和分析，最终彻底在管理问题中迷失。

所有的应对措施和方案都需要到位的监控和指导体系作为管理支撑，特别是在运转和推行前期。针对问题的改进措施或者团队管理体系刚刚推行时，在改变习惯和意识层面都将遇到不小的阻力。万事开头难，前期的推动和监管措施能够保障应对措施和方案的真正落地，推动措施是为了让团队成员执行应对措施和方案，而监管措施是为了让团队成员做到位，就像医生给病人开完药后，一定要有人监督病人真正服下，治疗才算完成。

PART 7

知识精进

构建个人知识体系

无“知”的信息量大爆炸时代

知识管理界推崇的DIKW体系，是将数据、信息、知识、智慧纳入一种金字塔形的层次体系，如下图所示：

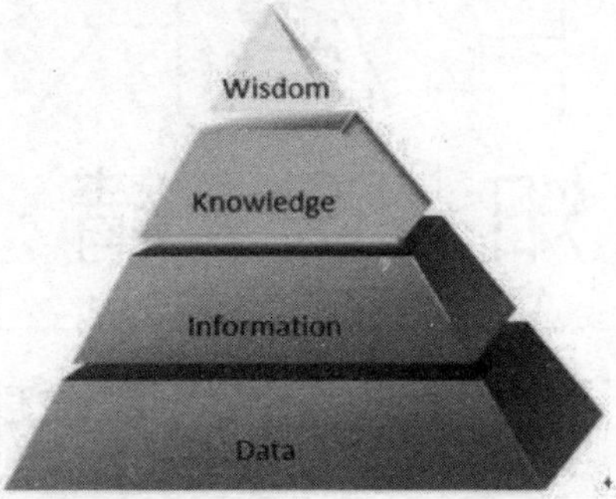

DIKW金字塔最下层是数据（Data），数据本身并没有价值，在对数据处理之后，我们就到了金字塔的第二层：信息（Information），对信息加工处理后得到的有用资料就是金字塔的第三层：知识（Knowledge），在知识的基础上，通过实战、经验、教训的积累，形成智慧（Wisdom），也就是金字塔的顶层。

延伸阅读
手机扫一扫

DIKW体系

- 什么是DIKW体系
- DIKW的组成部分
- 如何高效使用DIKW

扫一扫

这个世界上有太多的数据和信息，但是只有太少的知识和智慧，由于金字塔的每一个层级都来自对它下面一层的萃取和提炼，这里面的关键是如何提升个人的知识金字塔转化效率。

这个时代是一个数据量和信息量严重超载的时代，我们可能花了很

无效学习的陷阱

虽说阅读是一个缓慢的、由量变到质变的过程，但是为什么太多的人在受过同样教育、看过同样一本图书、听过同样一门课程之后，有些人能够在精进之路上高歌猛进，有些人却在原地徘徊不前？如果我们能够透过现象探寻本质，就会找到问题的根源：很多人并不会阅读。很多人爱读书、好读书，这是一个非常好的习惯，但是读万卷书之后，依然没有形成自己的知识体系，无法将知识输出为能力，感受不到“知识就是力量”，这样的阅读是低效的。

阅读是个人知识和能力提升性价比最高的方式，也是我首推的精进成长方式。去饭店吃一顿的花费可以买好几本图书，满足味蕾的同时何不补充一下精神食粮？万千书海中挑中了一本图书，那么摆在我们面前的问题是，如何读完这本书，如何避免读完即忘的尴尬，如何吸收其中的知识为己所用？当我们阅书无数之后，又如何将知识联系起来，形成自己专属的知识体系？

学习的本质在于学以致用，拆解“学习”两个字就可以看出，先要“学”，再要“习”，“学”是过程和手段，“习”是行动和目的。也就是说，对学习效果的衡量标准只有一个，学习之后我们的行动或者行为是否相应发生了改进，如果学归学、习归习，只能算是浪费时间进行了一次无效的学习。我和很多同学聊过他们对 PMP（项目管理专业人士资格认证）考试的看法，几乎 90% 的同学告诉我，PMP 考试太偏向理论，工作中完全用不上，参加这个考试只是为了给自己镀金，更好找工作。对于这些同学，花费了大量的时间和不菲的学费进行学习，得到的仅仅是一纸证书，他们在拿到证书后项目管理方式依然照旧，如此的学习就是无效的学习！

知识焦虑的表象之一是张嘴闭嘴只要干货，殊不知真正的干货恰恰是蕴藏在众人所忽视的理论中，我一直相信理论才是真正的干货，但是需要我们能够参破。理论是从数不胜数的实践案例中反复萃取得出的，是万千人多少次实验和经验教训的结晶。真正的干货不是轻易就能获得的，而是需要去深入思考和提升认知深度。当年的 PMP 考试对我个人项目管理体系的认识是一次质的升华，让我在接下来近 10 年的项目管理生涯中受益匪浅，这一切得益于我对学习本质的理解和践行。为什么 90% 的同学都感觉 PMP 学习对自己帮助不大，而我却恰恰相反呢，这里面的关键是学习深度。

深度学习和交叉复盘

下面我列出了一些 PMP 涉及的概念术语，这些概念我相信即使不是项目管理从业者，也会非常熟悉：进度管理、组织架构、缓冲时间、成本预算、风险发生概率、风险影响、团队建设、范围管理……

大部分参加 PMP 考试的同学只是知道这些术语，在日常的项目管理工作中看到才会想到，而我在备考 PMP 的理论学习过程中，有意识地结合过往的项目经历去思考理论如何用于实践，去思考假如当初做项目时已经掌握了 PMP 理论，我会如何改进当初的项目管理。这是一种在学习过程中对过往经验的深度复盘，这种复盘能够让所接触到的理论知识真正融入自己的大脑，成为潜意识的一部分，当我后来在项目中遇到类似问题时，PMP 的理论精华自然在脑海中浮现并指导我在实践中运用，甚至在职场中、学习中和生活中遇到类似情景，项目管理理念也都在潜移默化地影响和指导我的行为方式，最终我把这些思考和心得整理成课，这就是《决胜职场的项目化思维》系列公益分享课程诞生的背景。

对我们大多数人而言，我们以为已经学到，那只是我们以为而已，并没有转化为我们自己拥有的知识！

我在很多场合分享对学习的理解时，都会拿中学时代的鲜活经历举例，而这些经历相信大家也有过。上中学时，有些同学每天都在非常用功地背书，做一套套的模拟题，但是每次考试成绩都不理想，而有些同学也没天天低头做题，但是每次考试成绩都特别好，老师当时的结论是后者很“聪明”，所以不用太用功就可以考得很好，因此常在班级上告诫前者一定要"笨鸟先飞"，老师的本意是好的，殊不知这种结论很可能影响他们一生。考试成绩的好坏本质上和聪明与否没有太大关系，而是和学习方法直接相关。有些同学的学习方法是大量做题和死记硬背，从来不去思考为什么某道题会做错，或者听完正确答案后马上转战新的习题，而后者在做完每套试题后，会花费好几倍的时间去研究自己为什么做错，自己原来的解题思路哪里不对，以后遇到类似的题应该怎么办，甚至尝试对同一个知识点创造多种出题方式和考法，进行举一反三的总结。透过这个中学学习的例子可以看到，学习本身是个过程，回顾总结式的深度思考习惯才是王道！

回到现在，很多朋友在读书听课时，同样是特别认真地做笔记，摘抄书上的重点，甚至使用思维导图画出一幅重点内容结构图。看起来很努力、很勤奋，但是我还是非常抱歉地说，这种做法很低效，因为这种做法的目的是让我们去记忆新的孤立的知识点，而不是帮助我们学以致用。

想要达到学以致用，需要将新知识点和我们之前习得的旧知识点进行交叉关联，将新知识点和我们之前的实践做一次关联复盘。只有这样，新知识点才不是一盘散沙式的孤立存在，而是像垒积木一样，在我们既有知识的基础上不断叠加和积累，越垒越高，形成自己专属的个人知识体系，帮助我们的人生不断探寻新的高度。与其花费时间去做很多新知识的笔记和摘抄，不如在关联旧知识的前提下，对新旧知识进行融合和加工整理。虽然我们可能会多花很多时间在加工整理上，但是这个时间的付出完全值得，因为我们在做最有价值的事情，即使这样的行为会逼迫自己放慢阅读速度。

说起来很容易，做起来却很困难，很多人还是习惯于追求数量而非质量，因为阅读数量能够立即带来表面上的成就感，还可以在朋友圈发文炫耀一番，"喜新厌旧"的人性弱点也引诱我们在读完一本新书后马上打开另一本新书。很多读书会为了迎合这种猎新心理，打出"跟着×××，一年读完××本书"的口号，但是一年到头，我们仅仅是读了而已，在学以致用上什么收获都没有。

现在的我，早已放弃追求阅读数量，针对精品知识，我会放慢速度，记录阅读中有所触动的语句，并且一同记录对我的启发和当时的想法，这些启发和想法中有对之前旧知识的重新构造，有对之前类似经历的重新反思，有对个人方法论的增量改进，等等。这样下来别人 3 小时读完的一本书，我可能需要花费 10 个小时才能读完，多花的 7 个小时我用在了深度思考以及新旧知识之间的融会贯通上，经过 10 个小时的自我淬炼，我的个人知识体系能够在增量复利的良性运转中不断重构，成为我日常思维的一部分，指导我的行为方式持续改进。

个人知识体系构建的“三板斧”

知识精进可以分为两种情景，一种是学以致用，另一种是用以致学。学以致用是我们通过学习将信息转化为自己的知识体系，以后遇到相应问题的时候再去运用所学的知识；用以致学是当我们面临某个具体和迫切的问题时，为了解决这个问题去查阅相关资料、图书、课程等内容，带着具体问题去学习，为了运用知识去学习。

为了更快达到“用以致学”的目的，我会主动搜索和寻找与问题相关的图书或者课程，找到后并非从头到尾通盘学习，而是先研究目录和大纲，找出对具体问题帮助最大的章节去学习，学习的过程也并非局限于图书和课程本身，而是进一步深入思考作者提供的解决方案背后的思路，思考如何能够掌握作者解决问题的思维模式，这个解决方案是否可以跨界用在其他方面，是否需要做适当的改进后才能运用，解决方案背后是否有我已经掌握的旧知识，是否有我未掌握的新知识等问题。可以看出，我在学习过程中引出了许多超越图书和课程之外的新问题，在对这些新问题的思考和探寻过程中，我的个人知识体系又得到了一次全面的升华，虽然我并没有读完整本书或者听完整门课程，但是我的认知深度会比从头到尾读完然后立即转战下一本书的朋友更深入。

无论是学以致用还是用以致学，我所涉猎的往往不仅仅是图书或者课程本身，为了实现触类旁通和融会贯通的目的，我会针对某个高价值知识点继续查阅其他资料或者上网搜索相关文章，从而持续充实我对这个知识点的理解。当我读一本好书时，往往发散到好几本书或者网上的好多文章。为了精读降低阅读速度不代表不考虑效率，效率的衡量一定要和效果结合，没有效果，再高的效率也等于零（效率 × 效果 = 价值），每一本书的每一页、每一门课的每一分钟，对我们的价值也不尽相同，所以真正的高效是把大多数时间用在高价值部分，其他部分忽略或者一带而过，绝非平均分配时间在阅读的每一部分上。

通过阅读有效打造个人知识体系的方法之一是思考。在阅读的同时思考自己的旧知识和过往经历。思考是一个向内求的过程，单纯阅读而不思考的结果往往是水过地皮干，所有的信息仅仅在我们的大脑中“到此一游”，不留下一片云彩。思考是外在输入能够留下精华的关键。思考能够让新旧知识水乳交融，交融后的知识对过往经历在大脑中进行沙盘推演，从而让过往的经历历久弥新，成为指引我们前进的明灯，成为我们个人知识体系的重要基石。

思考是一个既通用又珍贵的能力，通用是因为人只要活着就需要思考，而思考的深度和广度决定了人生的富足程度；珍贵是因为大多数人都缺乏思考力，思考力的训练就像腹肌训练一样需要坚持不懈。从个人知识体系构建开始，从阅读一本新书开始，从聆听一场分享开始，训练自己的思考力吧，训练初期会很难受且看不到效果，但是坚持下去，我们会发现自己才思泉涌、洞察深刻，就像坚持健身后的马甲线一样熠熠发光。

通过阅读有效打造个人知识体系的方法之二是分享。我研究生毕业后的第一份工作是 TTT（培训培训师）培训，当时我需要在短时间内学会一门新技术，然后传授给各地培训中心的老师。听起来感觉几乎是不可能完成的任务，毕竟参加培训的老师已有 3~5 年的技术实战经验，刚刚毕业的我怎么可能在短期内去培训他们。当时我没有任何退路，只能硬着头皮赶鸭子上架，为了透彻研究所要教授的教材，我几乎是逐行逐句研读和思考，还买了许多参考书来查阅难以理解的技术点，如果我想教别人，不仅仅要深刻理解所要传授的教材，更要了解相关的知识领域，还要对可能出现的问题提前预判并做好充分准备，只有这样才能避免授课时出现尴尬。这段培训经历让我打下了深厚的技术功底，也成为后来我能进入外企的重要原因。

分享表面是一种纯粹的输出，却间接促成了高质量的输入，而这种高质量的输入很难通过正常学习获取。

（1）正常看书学习，可能只用 60 分水平就够了，但是如果我们想分享给他人、教会他人，往往需要 100 分的水平。只有达到 100 分的水平，我们才能清晰和自信地分享给他人，如果我们分享得不透彻，往往是因为自己并没有真正理解和掌握。我曾经为了准备全球软件案例研究峰会 50 分钟的主题演讲，查阅了大量的资料，记录了大量的笔记，更新了 6 个版本的课件，前后花费了两个月的周末时间，只为了台上 50 分钟的分享。一年之后，我和当时组委会的主编聊起了这段经历，主编坦言，由于我当下所在公司并非叱咤风云的巨头，演讲主题差点被毙掉，后来得益于主编及专题出品人对内容质量的认可和强烈推荐，我才最终成功当选演讲嘉宾。这次谈话让我百感交集，一方面没想到我成功入围的路并不平坦，完全凭借个人实力，另一方面也再次认识到厚积薄发式分享的重要性。

（2）分享过程中和分享结束后的互动提问环节堪称一次创意无限的头脑风暴。听我分享的人来自不同行业、不同职业，有着自己独特的视角和判断，他们提出的各种问题、想法甚至质疑都会让我们的思考更加全面和深刻，让每一次分享都能够发现自己可以持续改进的空间，帮助我们更好地成长。

（3）好记性不如烂笔头，分享是“写”和“讲”的集大成者，写分享的课件思路，讲分享的内容观点，通过分享的写和讲，有效强化了记忆和认知过程。正如我们在学生时代给某个同学讲解题目时，之前疑惑不解的问题往往会刹那间豁然开朗，这就是分享的魅力所在。

不一定非要站在上百人面前来一次正式的分享，在工作中和生活中，分享的机会无处不在，公司开会时、讨论问题时、表达观点时都是可以用来分享的场景，只要用心，分享无处不在！

通过阅读有效打造个人知识体系的方法之三是温故知新。在我家里有一个大书柜，正如我所倡导的彩色生活，书柜中的书也是各式各样，专业书、小说、散文、传记、史书，等等。最开始时，我每次翻看阅读都特别小心，唯恐折了页或者弄脏书，我喜欢每本书都崭新的感觉，摆在书柜里是一道好看的风景。但是这样小心地看书，却让我在读书时不能完全沉浸在和作者的深度交流中去感受作者的思想，再后来读司马迁的《史记》，读到“孔子晚而喜易，序彖、系、象、说卦、文言。读易，韦编三绝”。就是这个“韦编三绝”让我恍然大悟，读书不是为了给别人看，而是要把书中的精华知识装进自己的脑子，不是装在书柜里面成为风景摆设，否则我跟买椟还珠的傻子有什么区别。于是我不再纠结于书的外表，而是专注于理解作者所思、所想、所得，我也开始像学生时代划重点那样用笔划出触动我的语句，甚至记下当时的心境，由此我对知识的汲取效率提升了好几倍。

做标记、划重点的意义不仅在于初次阅读时记录我们的想法，更重要的是有助于温故知新。我们看过的书也许有朝一日还会有机会浏览、翻看。快速翻阅的过程，就是对既有知识的快速回顾过程，是温故知新的过程，我们虽然看到的仅仅是划出的重点或者记录的笔记，但是也能够让自己想到当时看到的更多的内容，非常著名的艾宾浩斯遗忘曲线说的就是这个原理。

延伸阅读
手机扫一扫

艾宾浩斯遗忘曲线

- 什么是艾宾浩斯遗忘曲线
- 艾宾浩斯遗忘曲线的原理
- 如何使用艾宾浩斯遗忘曲线

扫一扫

我们继续分析关于阅读的一个常见问题，就是集中时间学完一门课程好呢，还是分散学习好呢？在我看来，集中一周 7 天、每天 8 小时啃下一门课程的效果，远不如每天两小时，持续一个月有效果。同样是 56 个小时，分散在一个月中学习，相当于每天都在温习之前学到的知识，这样我们经过系统学习后才能记得更牢固。我在教小孩认字时，买了那种大的空白卡片，在空白卡片上写上了“电视”“沙发”“椅子”“墙”“洗衣机”等常见的汉字，然后把卡片放在对应物品旁边，这样小孩每天都可以一次又一次看到，无须刻意练习就能够记得很清楚。

每个人都在忙忙碌碌地经营自己的人生，专注于前方的目标和忘记过往的痛苦，但是过往不仅仅有痛苦，还有更多的感动和怀念，对过往的温故知新也能提升我们的幸福感。就在上个月，QQ 上突然有刚找回丢失已久 QQ 号的大学同学联系到我，这个同学形容这种感受就是“找到这个号码感觉像忽然找到了十几年没打开的铁盒子，里面装的都是小时候的东西”，这次联系给了双方一个宝贵的机会去回忆过去的点点滴滴，大家才想起过去发生了那么多事情，发现了以前有那么多被遗忘的友情。而这种回忆也会发生在我们整理过去的老物件、旧日记本时。现在每个人都认为自己太忙了，不仅仅好多早年的朋友不再联络，就算是兄弟姐妹，长大后也是各奔东西，组建了自己的小家庭，大家的联系越来越少。人生也需要温故知新，只有这样生活才会过得更加幸福和充实，我们也会更懂得感恩。

阅读速度的快和慢

我们用了大量的篇幅分享慢读和精读的价值，但这并不是否定快速学习和快速阅读，该慢的时候慢，该快的时候快，是我们需要深谙的知识精进之道。那么，在快速学习、快速阅读、快速获取有用信息并转化为自身知识的过程中，我们容易陷入什么误区呢？

（1）频繁地回看。诚然，在阅读过程中，适度的回看可以帮助我们进一步深化理解之前已经读过的内容，但是过于频繁回看会大大降低阅读的效率。一本书正常阅读完毕需要 5 个小时左右，假如我们遇到了需要翻看前面内容才能读懂的知识，先不要立即回看，做下标记，待读完之后再回看，避免无论是眼睛还是大脑的来回切换，提高阅读效率。

（2）用默读的方式看书。这个习惯往往在学生时代养成，那个时候老师会让我们大声读书，但是人的嘴巴往往没有大脑快，就算默读也是在模拟发音，无形中限制了阅读速度。所以提高阅读效率的技巧是，用脑子去看书，而不是用嘴巴去读书。

（3）完美主义。完美主义在阅读时的表现是，我不想错过每一行、每一个字，但是实际上并非书籍中所有的内容都值得去阅读，对书中不重要的内容可以直接跳过，采用跳读的方式提高阅读效率。我每次在读一本书之前，会花时间看两部分内容：第一部分是前言，前言是作者对书的整体介绍和重点展示，通过前言我可以了解这本书主要讲什么，面向的读者是什么样的人群，从而在阅读之前就对整本书有了大致了解。第二部分是目录，目录是一本书的框架，通过目录能够很清晰地了解作者的思路，之后再看正文时就能够在脑海中生成一幅地图，一章章阅读的时候不至于迷失阅读主线。

（4）在易被打扰的环境里阅读。阅读是一个需要集中注意力的行为，特别是高效率的阅读更需要专注力，阅读时一个安静和不被打扰的环境更容易让我们进入心流和忘我状态。

（5）带着情绪阅读。当我们特别愤怒或者特别兴奋时，注意力就很难放到阅读上。曾经有一次，我在和别人发生了激烈的争执后回到自己的工位，想通过看书来平复心境，结果 10 分钟过去后书还没有翻一页，我的脑海中依然充斥着之前的争执场景。这个时候最明智的做法不是阅读，而是要么解决问题，要么出去散步或听音乐，待情绪平复后再去阅读。

找到自己的阅读动力

为什么有些人可以一年读完 50 本书，有些人一年连一本书都读不下去，其背后反映的是阅读动力。

如果感觉阅读是要靠意志力才能坚持下去的事情，那么很遗憾，阅读很难持续下去。在时间精进篇章我曾经提及单纯依靠意志力是反人性的行为，这个观点同样适用于阅读，只有找到了自己的阅读动力，阅读才能长久下去，给我们带来充实和快乐。当我们感到阅读枯燥无味，坚持不下去的时候，首先要做的并不是靠意志力坚持到底，而是合上书问自己几个问题：为什么我要去读这本书？我期望这本书给自己带来什么？这本书是否能带给我想要的？

每个人的阅读动力不一样，同一个人面对不同的书，阅读动力也可能不一样。当我发现自己在业务知识层面的职业短板时，我在网上搜索了大量的文章，在书店买了大量的专业图书，就算这些专业图书的内容再枯燥、再深奥，我也会坚持阅读下去，阅读的同时有重点地跳读和记笔记，此时我阅读的动力是职场发展的需要。当我发现自己需要提升一下文化品位时，我会买相关的图书，如红酒、咖啡类的图书，了解红酒和咖啡的分类、历史等知识，此时我阅读的动力是提升个人品位，拓宽社交面的需要。当我发现父母身体不好时，我会去查一些与疾病相关的资料和阅读相关的图书，这样能够快速把疾病的相关知识了解一下，此时我阅读的动力是父母的健康。

找到属于我们自己的阅读动力并最大限度地强化它，这样才能够将阅读坚持下去，从缓慢的量变走向质变，最终构建个人的知识体系，并不断地进行知识精进。

PART 8

生活精进

积极成长的调色板

熬夜后果远比想象的严重

熬夜加班已经成为越来越多年轻人的标配，甚至成为一种生活态度。如果在工作中不怎么熬夜加班，会被视为对工作不上心，从而直接影响未来的职场晋升和加薪。绝大多数的职场打拼者因此长期睡眠不足，特别是在工作紧张时，往往几天彻夜不休。

虽然业界也有对熬夜加班的担忧和抵制无意义加班的呼声，但是在熬夜加班已经成为某些行业的常态后，此类的呼声日渐式微，取而代之的是朋友圈等社交媒体中晒加班、晒熬夜、晒通宵的所谓“励志”照片，在引得众人纷纷点赞之时，骄傲和自豪感油然而生，仿佛只要熬到深夜，才算真正做到了努力，才算真正对得起自己的人生。但是熬夜加班之后是否想过我们的身体能撑多久？没有身体何谈人生！

中学时代，我深深被《平凡的世界》所折服，也因此拜读了路遥先生在去世前躺在医院病床上为《平凡的世界》创作的随笔《早晨从中午开始》，路遥先生这样写道：

在我的创作生活中，几乎没有真正的早晨。我的早晨都是从中午开始的，这是多年养成的习惯。我知道这习惯不好，也曾好多次试图改正，但都没有达到目的。这应验了那句古老的话：积习难改。

正因为熬夜创作导致早晨从中午开始，路遥先生在 42 岁就离开了我们。如果路遥先生能够养成良好的作息习惯，避免过度熬夜对身体的摧残，我相信他今天仍然健在，而他也能够带给我们更多伟大的作品。和路遥先生同一年出生的村上春树用 37 年的职业写作生涯告诉我们早睡早起、坚持锻炼的重要性。村上春树每天早晨四点半起床写小说，晚上九点钟准时睡觉，并且三十几年如一日地坚持跑步。正是这种规律和健康的生活习惯，让村上春树每年都能写出一本书，到现在他已出版超过 40 部的作品。

的确，对于一些人来说，夜晚工作的效率的确比白天高，夜深人静时没有了嘈杂的干扰，思路更加清晰。但是熬夜是一剂慢性毒药，长期熬夜的后果未来会渐渐凸显，如无精打采、记忆力变差、思维迟钝、内分泌失调、肝脏受损等。

不知道还有没有人记得，2015 年 3 月 24 日，清华学子张斌 36 岁过劳猝死的新闻占据了各大社交媒体，张斌恰恰是我初中同班三年、高中同校三年的老同学，我真没想到毕业十几年后，竟然以噩耗的形式收到了老同学的消息，悲痛之余，我也理解老同学“人在江湖，身不由己”的苦衷，当时的我手上也有一个亟待投产上线的大项目，熬夜甚至通宵的情况也有半年之久。幼稚和侥幸如我的人很多，都很清楚熬夜的危害，却又难以逃出熬夜的怪圈。

我才二三十岁，身体扛得住。

因为熬夜身体垮掉的毕竟是少数，这么小的概率应该不会到我头上。

熬完这个项目，以后我就不熬夜了。

一件事情发生的概率再小，只要发生在自己身上，那就是百分之百。我也深受其害。那时公司还是 996 工作制，但是比 996 工作制更可怕的不是工作时长，而是工作负荷和心理压力。心理压力导致我的神经长期处于紧绷状态，中午和晚上都是随便吃点快餐后又回去工作，每天陪伴电脑的工作时间是睡觉时间的三倍之多。后来因为长时间的高压工作和快节奏生活，身体终于支撑不住，倒下住院。年轻时以为住院和手术离自己很遥远，但是当我进了病房，看到那些毫无生气的病人，看到隔壁床因为大意错过最佳治疗时间的年轻小伙时，我发现现实是如此残忍，身体是如此脆弱，都经不起我们肆意的挥霍。我切身体会到没有了身体，其他的一切都是白费。当时我在朋友圈随手发了感言：“时至今日都是我咎由自取！发应景图鞭策提醒我这个二货，且行且珍惜。”

我们总是在健康没有亮红灯之前，告诉自己也告诉别人，自己是如何的身不由己，但这是真的吗？赚钱养家、升职加薪、迎合上级都是借口，我们不是没有选择，而是不想选择！我们垮掉的那一天，痛哭的不是上级，而是我们的家人，我们垮掉的那一天，想要的已经遥不可及。不要等到垮掉的那一天，我们才意识到自己其实有多种选择，那时已经太晚。用健康去交换任何东西，都是得不偿失的！

省悟到这个简单道理后，我在每日计划中增加了三项任务，分别是健身、饮食和作息，每天早上、中午和晚上我会花一分钟时间去检视和更新执行情况。

健身任务：一周 7 天至少选出 4 天早起跑步。实践证明跑步对我是最有成效的运动，无论是健康层面还是心理层面。当然你可以选择其他更适合自己的运动方式。

饮食任务：每天保持规律的饮食，并且补充适量的坚果和水果。无论工作多忙，到吃饭时我都会停下手头的工作，不和自己的胃做无谓的斗争。

作息任务：如果没有十万火急的事项或者不可抗力，晚上 23:00 之前睡觉，早上 6:30 左右起床，中午尽量午休 25 分钟，保障平均每天 8 小时左右的睡眠。充足的睡眠能够让我的单位时间产出效率更高，胜过堆砌时长的熬夜。

我立志要事业、健康和快乐全部拥有，你看我是有多贪心，为了达到贪心的目的，我在充分保障身体健康的前提下挖掘时间的利用价值。通过我的自律和对时间的深度挖掘，从小体质不好的我这些年明显感受到身体变好给自己带来的附加值，最明显也是最宝贵的附加值是我的心情、肚量、情绪明显得到了改善，重新找回了积极、乐观的生活态度和对新事物的好奇心。

当坚持不下去时怎么办？告诉你一个窍门，每次透支自己的身体时，每次加班熬夜时，去医院的住院区看看那些病人吧，我们会明白当下什么才是对我们最重要的事情。

没有理由不对自己好一点

没有对比就没有伤害，很多时候我们欣喜于让我们快乐的事，但是当无意间听到别人更大的快乐时，眼前收获的快乐又是那么不堪一击。

“我终于可以把房贷还清啦！”当小张欢欣雀跃于二十年房贷终于还到了最后一个月时，从朋友圈看到大学同学小李又买了一套房，还清房贷的好心情瞬间晴转阴。

攀比之心人皆有之，当我们把对比当成一个下意识的习惯时，人世间所有的美好和快乐就荡然无存。凭什么他这次的工资涨得比我多？凭什么他住三居我住两居？凭什么我买的耳机比小丽买的同款贵300元？凭什么他早下班而我还在这里加班？我们在攀比中忘记欣赏自己拥有的美好，只剩下哀怨、嫉妒和永不满足的焦虑。

过自己的日子，活自己的人生，除了拒绝攀比外，我们要学会像游戏一样去奖励自己。这几年我真的很忙，忙于工作、忙于分享、忙于学习，曾经的我每天都处于崩溃的边缘，很多时候不得不牺牲睡眠来换取进度，当时支撑我走下去的秘诀之一就是奖励。我给自己的奖励很简单，一顿大排档、一部追了十年的美剧、一场精彩的好莱坞大片都足以在我的味蕾和视觉满足时扫去疲惫。

从小到大，随着我们的成长，外界给予的奖励变得越来越少。中小学时期获得的奖状能够贴满整面墙，虽然奖状不值钱，但是我们依然十分珍惜并被激励着好好学习；大学时期奖状变成了奖学金，虽然不像中小学那样频繁，但至少每学期还能够有一次获取机会；进入职场后，外界奖励变得愈发稀少，每年年会上的奖励永远属于少数人，绝大多数人辛苦一年得不到任何奖励。奖励从本质上代表着认同，我们渴望认同和奖励，并视其为生命意义和价值的体现。随着年龄增长，成家立业变成了肩上的责任，我们的努力变成了应该做的分内事，奖励也因此更为稀缺，我们于是陷入迷茫，是不是工作做得不够好，所以才在职场碰到各种瓶颈？是不是对女友不够好，才让她心生怨恨？是不是对孩子不够体贴，才导致孩子叛逆？

没有人可以全部感受到我们所感受的，没有人可以经历我们所经历的，只有我们知道自己的不容易，所以，对自己宽容一些吧，在达到某一个小小的目标时，多给自己一些喜欢的奖励，小到一份哈根达斯甜品，大到去南极洲看企鹅，奖励的大小不重要，重要的是奖励能够给我们的生活添加更多的暖色，增加生活的仪式感，帮助我们更有动力地前进。

爱好是心灵寄托的港湾

专注在爱好上，幸福感才能倍增。有一句耳熟能详的话：身体和灵魂，总有一个要在路上，所以阅读和旅行也是我的爱好。

现在想来，还是学生时代最富足，这种富足表现在精神上，而不是物质上。学生时代的我们可以结交各种朋友，阅读各种图书，走遍各种路途。步入职场后，只有短暂的几天假期，每天都是两点一线，生活越来越单调和乏味，这也是为何在微博上会疯传这样一段话：

当我们盯着电脑时，阿拉斯加的鳕鱼正跃出水面；

当我们愁眉发呆时，梅里雪山的金丝猴刚好爬上树尖；

当我们挤地铁时，西藏的云鹰直入云端；

当我们与上司争吵时，尼泊尔的背包客已端起酒杯围在火堆旁；

这个世界，有一些穿高跟鞋走不到的路，有一些喷着香水闻不到的空气，有一些在写字楼里永远遇不见的人。

阅读可以让我们足不出户，依靠想象力去体验不同的生活；旅行可以让我们亲身感受不一样的世界，去发现世界的奇妙，每个地方的风土人情、文化底蕴、自然奇观都是那么的鲜活和生动。压力大的时候出去走走，看看名山大川，望望璀璨星空，我们会发现办公室政治、项目压力、家庭烦恼……一切都如过眼云烟。旅行之后，通过照片、视频的旅行回忆，让我们收获满满的幸福感。

这里说的旅行，不是人潮人海中到此一游、留相为证，不是为了精挑细琢、遣词造句之后在朋友圈中发个九宫格，旅行最重要的是感受一个地方的风土人情，怀揣着珍贵的好奇心去发现路途中的故事，享受各种美食和各式风景，体验和探索未知的世界，探寻世界的美好。

虽然我每年的旅行次数并不多，但是每一次旅行都会让我心怀兴奋和满满的期待。前两年由于长期出差，我更加注重每次短暂回家后的旅行，即使一个普通周末我都会精心策划。因为经常出差在外，陪伴家人的机会才更为珍贵。如果是超级大长假，那将是重量级的远行，我会早早地做攻略，查机票、选酒店、了解当地的风土人情，住什么地方、吃什么东西都了然于胸。当然无论是做旅行攻略还是去旅行都非常耗费时间，再加上我平日的忙碌，很多朋友不理解我为什么还要这样花大力气旅游，我用了一句流行语回复他们：把时间浪费在美好的事物上。正因为我的时间宝贵，我才珍惜每一次能够让我开心的美好旅行，愿意花费几倍的时间去陪伴家人。

很多人总是怀念学生时代，那时有大把的时间可以用在爱好上，而现在每天忙成狗，根本没有时间培养自己的爱好，没有时间陪伴家人，但这都是借口。当我们有很多时间时，我们可能不会去研究时间管理，因为时间可以任由我们挥霍，质量并不在考虑之列。这一点我深有感触。当我在外出差时，很少有时间陪伴家人，我才格外珍惜每次出差回去陪伴家人的每分每秒，每次都是提前计划在家的几天如何更有意义地度过；但是不出差时，因为感觉有大把时间和家人相处，反而没去珍惜和利用，捧着自己的电脑独自工作。这是人性使然，物以稀为贵，只有我们意识到少的时候，才会去珍惜，我们的幸福感因为珍惜才会倍增；如果时间很多，我们觉得随时都可以去做，才更容易一拖再拖，结果就变成了一直都没有去做的事情。当我们觉得随时可以陪伴家人时，我们就在那里玩手机；当我们觉得周围的景点随时可以去时，我们可能来北京十年都没逛过颐和园。

当我们认为某个爱好值得花时间时，千万不要再说自己没有时间，也千万不要再说等不忙了才去做，只要我们想做就一定能够做到，做到不仅能给我们带来成倍的幸福感，也会让我们更有成就感，幸福感和成就感让我们更加自信和充实，不是吗？

我听说过太多的人说：“等我有钱了，我就辞职不干了，待在家里多舒服啊。”但是赋闲在家真的能舒服和快乐吗？多少案例告诉我们，无所事事并不能给自己带来快乐，相反却是无尽的空虚和寂寞，因为悠闲和舒服来得越容易，我们对它的感觉就会越迟钝，反倒是那些挤时间收获的快乐，会让我们永远铭记，一想起来就有甜甜的感觉。

即刻出发，让爱好成为守护我们幸福的使者吧！

社交不是朋友圈

有事没事刷刷朋友圈，在朋友圈中一览众人的生活状态，或点赞或评论，这已经成了大多数人的生活习惯。但是我们却不知道这个生活习惯有多么可怕！

每个人都有社交需求，这也符合马斯洛需求层次学说理论，但是如果过度沉迷其中，我们会发现刷的并不是朋友圈，而是内心深深的焦虑。从人性角度来说，朋友圈只是展示自己光鲜一面的窗口，就像开屏的孔雀，永远只把自己最靓丽、最光鲜的一面展示给众人。我们背后的焦虑、痛苦、俗气等永远只有自己知道，不会见光。

打开朋友圈，几乎都是高大上的旅游、精致的美食、无味的鸡汤、熬夜加班的表白等。如果我们相信这些，我们会误认为全世界只有自己过得凄惨，别人那么精彩，自己这么辛苦，心理上的不平衡感油然而生，情绪也马上陷入低谷。我们越羡慕朋友圈中别人的生活，自己的无力感和挫败感也就越强烈。信心比黄金更重要，过度沉迷朋友圈只会吞噬自己的信心，让我们越来越焦虑，最终整个人变得精神萎靡。适度的攀比可以激发我们的斗志，但是一旦过度就是“人比人，气死人”。适度刷朋友圈可以增进朋友间的联系，但是不要被朋友圈表面的欣欣向荣所迷惑，我们应当活在当下，当下是现实世界，而不是虚拟的圈子。

幸福诀窍：即刻出发

我们每个人都非常清楚一个无法阻挡的规律：每一个人的生命极其有限，几十载的光阴转瞬即逝，从一个青春年少的“小鲜肉”变成一个满脸沧桑的“老腊肉”也就仅仅度过了十几个春秋。更有意思的是，我们经常无意间忘记了这个事实。

- 今年春节为什么不回家看看年迈的父母？
  因为以后有的是机会，今年不回也没关系。
- 在职场上为什么口是心非、弄虚作假？
  因为不这样晋升无望，等升上去了再做好人，做诚信的职场人。
- 为什么不好好和孩子讲道理？
  因为他现在太小，什么都不懂，我又要忙着赚钱，哪有工夫和他讲道理，等他长大了再说。
- 为什么不和爱人每年出去度个假，好好享受一番？
  哪有时间度假，哪有钱度假，现在最重要的是赚钱、存钱，其他的以后再说。

一次次都找各种冠冕堂皇的理由不回老家，直到父母、亲人去世那一天才悲痛交加，悔恨莫及，可惜一切都晚了。

我们逐渐成了初入职场时最痛恨的那种人：每天带着虚伪的面具生活，到了最后我们也分不清楚哪些是演戏，哪些是真正的自己，一辈子活在虚假之中。

孩子转瞬间飞快地长大，由于我们疏于教育和引导，叛逆期的孩子再也听不进去我们讲的“大道理”，原本美好的家庭濒于崩溃边缘。

忙于赚钱的我们突然有一天发现自己华发早生，皱纹爬上了脸庞，而人生已经过了大半的我们回首过去，除了单调的工作，没有其他一丝色彩值得追忆。

这就是我们努力工作的目的吗？

我想绝大多数朋友一定不会承认。但或许还会有朋友问，在时间精进中，你一直教我们最大限度地提升时间使用效率，现在怎么又强调把时间浪费在享受生活上呢？

其实两者并不矛盾，反而相辅相成，理由有三。

（1）时间管理的终极目标是让生活变得更美好，既然现在就能把美好的生活点缀在时间精进的旅途中，何乐而不为呢？

（2）人不是机器，即便是机器，连续不断地工作也会加剧损耗。适当地把时间用在闲适生活上，就如同给机器做保养。人生是一场马拉松，何必在乎一城一池的得失？

（3）心理学研究发现，即使在享受生活的过程中，你的潜意识仍在思考。有证据表明，很多伟大的创新不是来自工作场合，而是闲暇之余。中学老师教我们语文考试的妙招之一，就是拿到试卷后，先看最后的作文题目，然后再回到第一题答卷。此时潜意识已经开足马力，构思作文写法，即使你觉察不到，但是到了写作文时，往往才思泉涌，这就是潜意识的作用。

所以不要犹豫，即刻出发，去精进我们的生活吧！

PART 9

工具精进

积极成长的他山石

云笔记工具：个人知识体系管理利器

在知识精进篇章中，我们一起分享和学习了如何有效构建个人的知识体系，很多朋友也深知知识管理的重要性，却仍然停留在学习的表面，无法落实到执行的深度；用过很多知识管理工具，虽然手握利器，但是依然力不从心，无法发挥工具的潜力。大部分人和知识管理高手之间的差距，不是信息不对称，而是没有洞察工具背后的使用理念，不知道如何借助工具构建个人知识体系，如何借助工具记忆，从而解放大脑。

在信息量呈几何级增长的互联网时代，我们对知识的诉求愈发强烈，如何将信息转化为有效的知识依赖于个人知识体系的建设，一款优秀的工具无疑能够让个人知识体系建设如虎添翼，知识精进如果有了工具，践行之路将事半功倍。

这款云笔记工具就像我们每个人的第二大脑，主要负责知识存储，以此来解放我们的大脑，使我们不再像学生时代那样死记硬背大量的内容，我们的大脑可以更加专注在思考和分析层面，这是云笔记工具最大的价值，从这个价值出发，云笔记工具提供了四大作用。

（1）集中存储来自多个渠道的信息。当今工作和生活中能够接触信息的渠道太多，互联网搜索、手机微信等 APP、电子邮件、会议白板、培训现场等都是生产各种信息的源头。通过云笔记工具，集中所有有价值的信息于一处，更加便于我们对知识进行管理。

（2）加工收集到的信息。信息收集到云笔记中之后，只有对其定期整理才能真正转化为自己的知识体系。云笔记工具提供了强大的随时随地整理信息的功能，通过笔记本组、笔记本、标题、标签等对信息进行加工处理，使工具服务于个人知识体系的建设。

（3）创造自己的信息。我们在工作和生活中也需要经常创造信息，比如旅行归来的一篇游记，为公司准备的一份设计方案，关于未来发展的规划文章等，通过使用云笔记工具实现永不丢失、多终端创作和自动同步，便于我们在多种场合创作，并能无缝衔接。

（4）快速搜索信息：云笔记工具之所以能够成为以存储为核心的第二大脑，离不开其快速定位的搜索能力。凭借强大的搜索功能，我们能够快速从云笔记工具中找到自己需要的知识，而无须像多年前那样死记硬背。

目前业界流行的云笔记工具主要有来自美国的印象笔记和来自中国的有道云笔记，这两款笔记除了用户体验优秀外，来源于互联网巨头公司也保证了其生命力相对长久和安全。笔记的安全有时比好用更加重要，这两款云笔记工具都值得放心使用。究竟使用哪一款云笔记并不重要，我们可以结合自身需求选择，重要的是掌握使用的理念。本篇章中我选择了印象笔记作为理念分享的工具。

印象笔记发布于2008年，2012年进入中国，印象笔记对个人知识体系管理的帮助主要体现在如下五大功能上。

（1）便捷的信息存储。通过网页插件安装和关注微信公众号，在电脑端可以一键收藏我们认为有价值的网页内容，在移动端可以一键转发收藏来自微信、微博、知乎等APP的内容。

（2）全文搜索功能。不仅对全文或标题中的关键词，甚至图片中的关键词，印象笔记都可以做到一键搜索定位，这个功能极大地帮助我们快速定位到所需要的信息。

（3）拍照扫描应用。利用印象笔记集成的OCR（光学字符识别）技术，手机可以摇身一变成为扫描仪，将现实场景中的会议白板、纸质书稿、名片工牌等扫描为不同的图片格式，存储在印象笔记中。

（4）录音记录功能。印象笔记提供了边录音边记录的功能，尤其适合培训、分享、会议的场合。通过录音，不错过会议的每一个细节，通过记录可进行会议要点的整理。当然我们也可以脑洞大开，将录音功能用于家庭聚会、亲子交流现场等，作为永久纪念。

（5）归类分组功能。印象笔记提供的笔记本组、笔记本、标题和标签等功能，可以帮助我们根据不同的主题将感兴趣的内容从不同的维度进行归类分组，便于个人知识体系管理和搜索定位。比如印象笔记提供的标签功能非常灵活，一个笔记在设置多个标签后，印象笔记会将所有归属同一标签的文章自动聚合，实现“物以类聚”的效果。

功能层面的详细介绍不是本篇重心，感兴趣或者希望扩展学习的朋友请移步 88busy 微信公众号，本篇重心在于如何基于云笔记工具构建个人知识体系。借助印象笔记搭建个人知识体系可以分为五大步骤。

第一步：场景和需求分析

在使用印象笔记进行个人知识体系的管理之前，首先需要思考和确认知识输入场景和知识管理需求，场景和需求将直接决定笔记本如何进行分类设计，也决定了未来我们使用的效率。知识输入场景是指我们在接触信息时的环境如何，可以使用的工具有哪些，对场景中的信息有怎样的需求，比如我个人的知识输入场景可以归纳如下。

知识输入场景	所拥有的场景工具	对场景的知识需求
浏览网页	网页版浏览器、网页版印象笔记	遇到一些有价值的信息，希望永久保存，避免下次难以找到
浏览手机 APP	手机 APP、移动版印象笔记	社交类、资讯类 APP，或朋友圈中的某些有价值信息，希望一键保存
培训学习现场	讲师的投影 PPT、讲师的讲解内容、自己的手机	希望记录培训学习中的关键内容，便于日后复习所用
会议现场	与会人的讨论内容、记载讨论结论的白板	希望记录会议过程中的关键信息和会议结论信息
作为发起人的一对一沟通	网页版印象笔记	希望提前对沟通的议题进行思考和整理，并在过程中记录关键内容
作为接收人的一对一沟通	网页版印象笔记	希望记录一对一沟通的关键内容
家庭生活场景	手机、移动版印象笔记	希望随时随地记录生活中的温馨时刻，比如一次对话、一幅照片、一个想法等
灵感记录场景	手机、移动版印象笔记	希望随时随地记录生命中稍纵即逝的灵光，比如方案的设计灵感、职场的发展灵感等
阅读图书	纸质或者电子版图书、电脑或者移动设备	希望当时能够便捷保存读书过程中的感受、书中触动自己的语句等
设计方案、创作文章等	电脑、手机、iPad 等设备	希望创作产物能够永远保存、永不丢失，希望能在创作过程中多设备无缝衔接、接力创作

知识管理需求是指希望通过工具管理什么样的知识，也就是我们的

个人知识体系由哪些种类的知识构成，我们重点管理哪些方面的知识。知识管理需求建议围绕人生之树展开，让个人知识体系的构建以人生之树为导向，比如我个人的知识管理需求可以归纳如下：

- 家庭信息：记录大家庭、小家庭在生活中的宝贵时光和温馨时刻，用云笔记工具抵抗生理遗忘。
- 文章信息：记录我日常工作和学习中有感而发的各类文字创作，通过云笔记实现永久存放和多终端创作。
- 投资信息：收集投资理财相关的学习资料，成为自己现在和将来投资理财的知识库。
- 工作信息：收集和记录工作中的各种笔记、资料信息，方便自己随时随地获取。
- 娱乐信息：收集不经意间看到和听到的各种好吃、好玩的信息，便于以后快速查阅，迅速决定去哪里吃大餐和去哪里旅行。
- 资料信息：随时随地收集通过多种途径学到的关于团队管理、时间管理、沟通管理、运营管理、公司管理等资料，形成自己的资料库。
- 名片信息：将收到的名片随时随地使用印象笔记的电子化扫描功能存档，以后需要时可以使用印象笔记的图片文字搜索功能快速定位。

第二步：云笔记分类设计

云笔记的分类设计用来构建个人知识体系的整体框架。如果将笔记比喻为人的血肉，分类设计就像人的骨骼。分类设计首先是笔记本组和笔记本的设计，将归属非常明确的一类信息使用“笔记本”分类，将归属非常明确的“笔记本”使用“笔记本组”分类。笔记本组和笔记本设置无须过于细分，否则将导致数量太多，管理起来成本过高。如果我们一定要进行细分归类，可以补充使用标签功能。

设计笔记本组和笔记本时，主要参考第一步梳理出来的场景和需求分析结果，场景项和需求项是从不同的维度对我们个人知识体系的思考，两者相结合进行云笔记分类设计能够避免遗漏，也能够让个人知识体系管理更加高效。

比如我个人的云笔记分类设计结构如下：

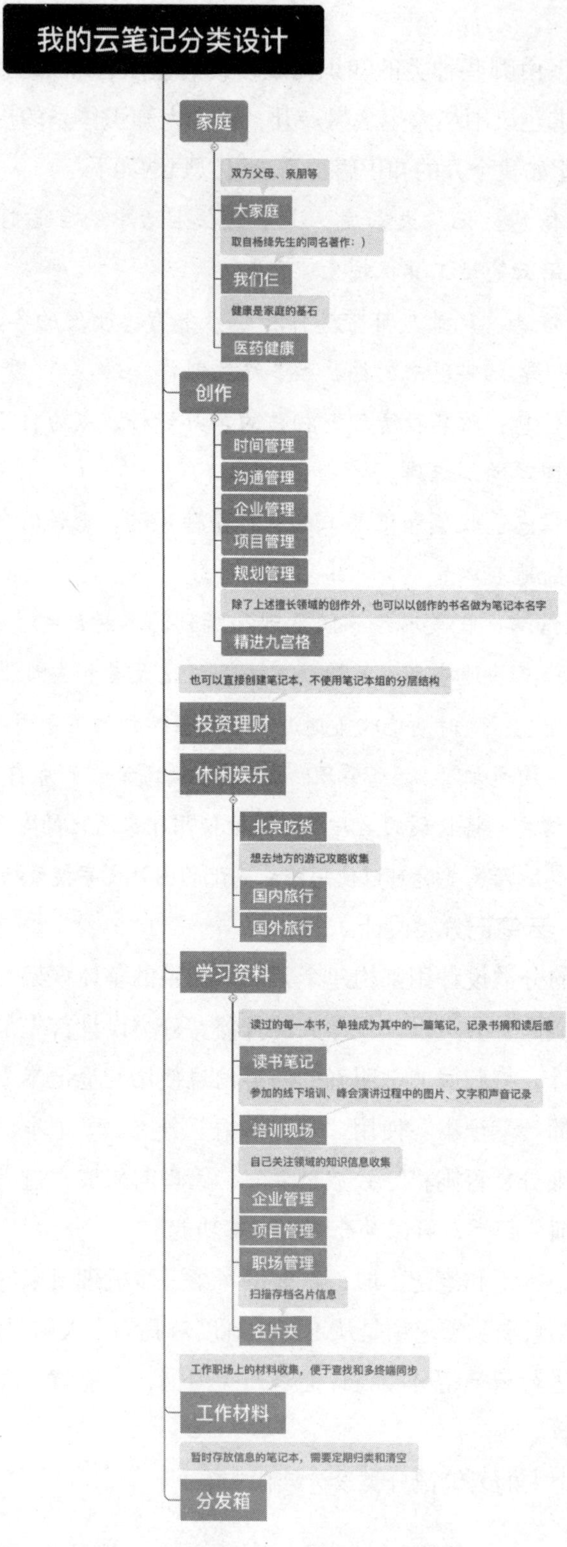
我的云笔记分类设计
家庭
双方父母、亲朋等
大家庭
取自杨绛先生的同名著作：）
我们仨
健康是家庭的基石
医药健康
创作
时间管理
沟通管理
企业管理
项目管理
规划管理
除了上述擅长领域的创作外，也可以以创作的书名做为笔记本名字
精进九宫格
也可以直接创建笔记本，不使用笔记本组的分层结构
投资理财
休闲娱乐
北京吃货
想去地方的游记攻略收集
国内旅行
国外旅行
学习资料
读过的每一本书，单独成为其中的一篇笔记，记录书摘和读后感
读书笔记
参加的线下培训、峰会演讲过程中的图片、文字和声音记录
培训现场
自己关注领域的知识信息收集
企业管理
项目管理
职场管理
扫描存档名片信息
名片夹
工作职场上的材料收集，便于查找和多终端同步
工作材料
暂时存放信息的笔记本，需要定期归类和清空
分发箱

在我的云笔记分类设计中，我构建了“家庭”“创作”“休闲娱乐”“学习资料”四个笔记本组，在每个笔记本组中分别按照需要创建了不同的笔记本，比如在“学习资料”笔记本组中我创建了名为“读书笔记”的笔记本，在每阅读一本图书的时候，我都会在“读书笔记”笔记本中创建一篇笔记，笔记名字选用书名作为主体，将读书过程中的感悟和一些触动我的书摘放入其中。

细心的朋友可能会发现，“投资理财”和“工作材料”两个笔记本并没有归属的笔记本组，当某个类别并没有太多需要细分的笔记存放时，完全可以直接使用笔记本的方式进行云笔记的分类设计。对我而言，无论是投资理财还是工作材料的笔记，我能够预测到不会很多，那么秉承极简的设计理念，就直接使用笔记本进行管理。

需要特别强调名为“分发箱”的笔记本，“分发箱”的作用在于暂时存放和等待处理文件，平时不经意看到的网页文章、微信文章等，都可以在第一时间先存到“分发箱”笔记本，每天或者每周定期整理，将“分发箱”笔记本中的文章进行整理、打标签后，移动到相应分类的笔记本中。

第三步：信息收集入笔记

日常的工作和生活中，我们经常碰到一些“似曾相识”的问题或画面，虽然此刻还能清晰感受到当时那种触动心扉的赞同感，但是已经忘记是在哪里看到的，微信？微博？论坛？搜索？思来想去还是记不起来，于是重新去凭借模糊的印象去找，找了好久还是没有找到。

养成将日常生活中遇到的各种有价值信息随时随地录入印象笔记的好习惯，是构建个人知识体系的前提。这个收集过程其实是汇总多个分散、孤立的渠道到一个集中渠道的过程，然后将在各种场景遇到的点点滴滴有价值的信息，在一个统一的渠道内进行加工、管理，才能将点点滴滴汇集成河，成为自身知识体系的一个组成部分。

得益于印象笔记提供的浏览器插件功能，我们无须进行烦琐的复制粘贴，只需单击浏览器上的插件图标就可以实现信息收集功能，而且浏览器插件还能贴心地提供分类和标签功能；对于移动设备，同样可以使用简单的转发分享功能，一键存入印象笔记中。

在平时的信息收集场景中，并非每次都有机会使用电脑或者手机去记录，有些场合我们不得不使用纸质笔记本去记录。遵循管理渠道唯一的原则，我们需要及时对纸质笔记进行扫描存档到印象笔记管理，扫描存档的另一个好处是避免纸质笔记的遗失，同时印象笔记自带的图片文字搜索功能也能够帮助我们快速搜索定位。

第四步：笔记定期整理

很多人都是“收集狂”，有些朋友平时爱买书，但是却很少见他打开过；打开浏览器收藏夹，密密麻麻的收藏网址却很少二次点开过；有些朋友下载了一大堆公开课音视频，却一部都没有完整看完过。从心理学角度来说，我们很容易把“收集”的行为误认为是“拥有”，仿佛只要下载到硬盘、购买到书柜，就是我的了，“收集”带来的成就感往往比真正意义上转化为自身知识的“拥有”更加简单和容易，然而现实的残酷是收集的碎片化信息并不会转化为知识，所以没有任何作用。

在构建个人知识体系步骤中，第三步“信息收集”仅仅是开始，将收集到的信息进行整理、加工和消化，使信息真正成为知识体系中的知识，才是最重要的部分。如果印象笔记仅仅作为存储工具存储日常遇到的各种各样的信息，那么我们仅仅是搬运工而已，将信息从网络上搬运到印象笔记中，久而久之我们将被日积月累的杂乱无章的信息所淹没，印象笔记也就成了信息垃圾场。因此需要通过第四步对笔记进行定期整理和断舍离。有些信息的收集往往源于当时一时兴起，过后发现其本身并无太大价值，对这些信息进行定期清理和删除，有助于笔记本的瘦身；有些信息具有相似性，表达的是同样的观点，对这些信息使用笔记合并功能转变成一个笔记。

除了笔记断舍离之外，笔记定期整理的另一个重要价值在于打标签和归类。在实际的信息输入场景，我们往往并不确定或者没有充足的时间去思考笔记的归类，所以默认统统放在了“分发箱”，对“分发箱”中的笔记进行归类也是笔记定期整理的目的，避免分发箱中的笔记越积越多。

在整理信息和归类时，我们会发现一篇文章往往可以归属到好几个笔记本分类中，此时到底归属哪一个笔记本让我们难以抉择，标签功能就可以很好地弥补和解决目录分类结构的不足。不过标签由于其功能过于强大和灵活，我们有时会纠结标签名字的定义，其实这个纠结大可不必，同样含义的标签词即使定义多个也对使用效果影响不大，再加上每个人都有自己的思维习惯，而思维习惯反映到关键词的选择上也相对固定。按照自己的思维习惯为每篇笔记选择五个左右的标签，通过打标签的形式提供除传统“笔记本组 / 笔记本 / 笔记”的层级形式外另一种灵活多变的笔记组织形式。

另一个无法回避的现实是，知识体系中的笔记并非是孤立的存在，彼此之间往往存在千丝万缕的联系。而知识体系之所以成为体系，一个典型的特征是将看似孤立的知识进行串联。印象笔记对不同知识点的串联可以通过索引的方式实现，通过索引建立专题页的步骤同样可以分为五小步。

第一步：确定专题目的，也就是专题页的主题。比如我希望通过专题页构建新媒体运营的方法论。

第二步：新建专题笔记。新建一条专题笔记，从命名规范上和其他笔记加以区分，比如以“专题”打头，上述例子中的专题名可以是“专题 | 新媒体运营方法论”。

第三步：确定专题逻辑。方法论往往是由彼此有逻辑关系的大板块组成，确定专题逻辑也就是确定大的逻辑板块。比如新媒体运营可以分为新媒体特点、新媒体拉新、新媒体留存、新媒体促活、新媒体转化五大板块。

第四步：搜寻专题笔记。通过笔记本分类、笔记本标签、笔记本搜索等功能，在印象笔记知识库搜寻和查找上述五大板块的相关笔记。

第五步：获取并归集网址。借助印象笔记的分享功能，可以获取第四步的笔记网址，将笔记网址及对应笔记的标题按照五大板块归集到专题笔记中。平时在工作和生活中，当我产生了任何与专题相关的灵感时，我都会迅速打开手机记录关键词，然后在定期整理时通过电脑补充完善并纳入相应专题。持续并不断更新和完善对应的专题也能够让我的知识体系逐渐完善和成熟。

以上对笔记定期整理的主战场均发生在电脑端，手机端的价值在于收集和浏览，电脑端的印象笔记提供更加强大的功能、视野更加开阔的大屏幕、更加高效的鼠标键盘操作，这些都能帮我们提升笔记整理的效率和效果。

第五步：笔记日常使用

云笔记并非万能，一些音视频类、图片素材类等大容量资料，建议存储在本地硬盘或者云盘中。我个人倾向于存储在云盘中，然后在印象笔记中增加音视频的标题和对应的云盘网址，这样可以将存放音视频的云盘和存放信息的印象笔记进行关联，从而可以同时使用印象笔记强大的搜索优势和云盘的存储优势。

在日常使用中保持高效离不开三个原则，这三个原则并非仅仅适用于印象笔记，甚至并非仅仅适用于云笔记工具，只要我们使用工具是为了构建个人知识体系，这三个原则均可完美适用。

使用原则一：放弃一步到位的完美想法。

我在上学的时候，曾经非常羡慕板书优美、字体优雅的同学，他们的学习笔记往往井然有序，无论是色彩还是字体搭配都相得益彰，不看笔记内容，光是笔记样式就能够给人赏心悦目的感受，但是从考试成绩来看，这些同学的成绩总是处于中游，反观学习成绩优异同学的学习笔记，往往潦草不堪，没有任何美感。当时我并不知道个中缘由，直到后来随着自己阅历的提升、经验的积累和思考的深入，我才恍然大悟。

我曾看到一篇报道，问扎克伯格为什么每天都穿同样的灰色 T 恤，扎克伯格回答，不想浪费精力去决定每天穿什么衣服。每个人只有有限的精力，当我们把精力过多地用在学习笔记的外在上时，放在学习内容本身上的精力自然就会减少，学习笔记只是辅助学习的工具，真正的价值还要聚焦在内容和知识本身。我遇到过一些朋友，在使用印象笔记之初，在还没有写下一篇笔记之时，就花费了很多精力在确定云笔记的目录设计上，密密麻麻设计了层层的笔记本组和笔记本，不仅仅耗费了大量时间，而且会在使用中误导其拼命收集资料和填充笔记本，为了收集而收集。正确的做法是放弃一步到位的完美想法，无论是从大范围上的印象笔记使用，还是从细节上的目录设计，在使用过程中不断思考和改进，不断调整目录结构的设计，从实践出发、从认知规律出发去使用工具才会更加高效。当我们的笔记越来越多，工具使用越来越娴熟时，目录设计的科学和实用自然水到渠成。

使用原则二：印象笔记不是存储室。

清朝乾隆年间，进士袁枚在《黄生借书说》中提到："书非借不能读也。子不闻藏书者乎？七略四库，天子之书，然天子读书者有几？汗牛塞屋，富贵家之书，然富贵人读书者有几？其他祖父积、子孙弃者无论焉。非独书为然，天下物皆然。"

以前没有电子工具可以使用时，我们遇到一篇好文章后会非常用心地学习阅读，现在有了便捷的工具可以永久保存后，反倒很多时候懒得看完一篇文章，仅仅看了一眼标题后就一键保存，"反正已经存下来了""等我有空的时候再去看"……种种借口成了只存不读的理由，日积月累，待阅读和待处理的信息不断堆积，不仅仅会占用大量的存储空间，影响搜索定位效率，而且会给我们带来越来越重的心理压力，最终被海量的信息击垮。

存储是为了阅读和吸收，进而转化为自身知识体系的一部分，对待源头信息，也就是在看到一篇文章打算顺手保存时，先问自己是否需要，是否对个人知识体系建设有帮助，然后再决定是否保存。对待"分发箱"笔记本中的笔记信息，设立定期处理的期限，最长不能超过一周，在笔记处理过程中，仅仅保留最有价值的那一部分信息，其他的信息可以直接删除，让笔记瘦身。在构建专题的过程中，可以对类似的笔记进行合并，多余的笔记做删除处理，保持笔记本的清爽。在使用工具的过程中，可以定期清理一些设计不合理的笔记本或笔记本组，达到笔记本组瘦身的目的。

使用原则三：从目标而非工具出发。

我们很多朋友在接触一个新工具或者新的知识领域时，往往一头扎进工具具体功能的学习上，仿佛只有把这个工具的功能全部精通后，才能掌握这个新工具。回想我们在接触 Excel 工具时，是不是认为把 Excel 的每个菜单、每个按钮、每个功能、甚至每个函数都研究得一清二楚才算掌握了 Excel 工具？按照这个认识，我们可能会看很多介绍工具功能的书、听很多介绍工具功能的课，花费很多时间依旧乐此不疲，但是时过境迁，工具强大的功能依然对我们帮助不大。

工具的功能一定要放置在具体的使用场景中才会具有生命力，脱离了场景的功能仅仅是功能而已，并不能为我们所用，不能成为“善其事”的工具。在顶层设计之初，工具一定是辅助定位，而非核心定位。工具的价值在于提升我们实现目标的效率和效果。我曾经在构建组织及项目管理体系时表达过同样的观点，不能让流程设计依赖工具，而是工具服务于流程设计，先有流程设计再有工具选择。洞悉了工具定位后，我们就不再偏执于对工具本身全部功能的精通上，而是根据目标有选择地去使用工具的相应功能。

云提醒工具：个人时间管理利器

第二个有助于精进的工具是云提醒类工具，如果说印象笔记工具和个人知识管理体系建设有关，云提醒工具则和时间管理有关。处于移动互联时代的我们在工作和生活中遇到的大大小小的事项越来越多，承担的角色也越来越多，大到工作项目的关键里程碑，小到家庭每月房贷还款，如果没有提醒，很容易在处理其他事项的时候忘掉。我们的大脑往往无法精确牢记所有的待办事项及其对应的执行日期，因此迫切需要一款基于云的提醒工具，去帮助我们更好地管理待办事项，更好地进行个人时间管理。

幸运的是，市面上有很多可以用来帮助我们进行待办事项管理的提醒工具，无论是功能简单的 Clear 工具，还是功能复杂的 OmniFocus 工具，相信我们可以找到适合自己的那一款。我一直使用的云提醒工具是奇妙清单，在本篇中我会以奇妙清单为例，说明如何借助于云提醒工具，提升我们的时间管理效率。同样要强调的是，我们需要透过工具思考背后的时间管理理念，也许奇妙清单适合我，但不一定适合你们，掌握了时间管理理念才能帮助大家找到适合自己的那一款工具。

与其他的 GTD（待办事项）工具相比，奇妙清单界面清爽、操作简单的特点一直吸引着我，这也正是奇妙清单的设计理念——追求轻量级的应用。过于简单或者过于复杂对我们大多数人来讲，都不是一个很好的选择，我曾经见过很多人在学习工具的高阶复杂功能上耗费了非常多的时间，到底是为了让工具帮助我们的工作和生活呢，还是成为一个纯粹的工具“百事通”？我们需要问自己这个问题，避免本末倒置，陷入单纯追求工具学习而非工具使用的误区。

现在大多数的 GTD 工具都已经实现了跨平台同步，奇妙清单也不例外。在移动设备的使用越来越普遍的今天，我们每天都需要在不同的电子设备之间切换，跨平台的奇妙清单能够让一切工作无缝衔接。除了跨平台同步外，奇妙清单也提供了跨团队共享和协作的功能，比如我把奇妙清单中的读书清单和家人共享，每个人都可以在其中添加想看的书并做书评。奇妙清单中的出游携带物品清单也被我共享给家人，每个人都可以在其中添加需要携带的物品，群策群力避免遗漏。共享清单功能同样是一个使用频率很高的实用功能，因为具有强烈社会属性的人类离不开和其他人的互动、协作和交流，这一点奇妙清单也满足了我们的需求。

了解了奇妙清单的关键优势之后，很多朋友在开始使用时都会有一些困惑，这些困惑在于到底什么样的事项适合放在奇妙清单里，什么样的事项不适合。所有的工具都有一个共性，那就是每一个工具只用来解决一类具体的问题或场景，我们无法用一个工具去解决工作生活中方方面面的问题。即便奇妙清单是用于时间管理的工具，但是从时间管理领域的细分来看，仍然有其特别适合和不太擅长的应用场景，而适合什么取决于奇妙清单的功能。

时间管理所涉及的事项可以分为三大类，一类是期限约束强的事项，即必须在某个规定日期完成或者在某一天才能做，比如每月的房贷扣款、每年的商业保险缴费等；另一类是不强制约束期限的事项，这个事项究竟哪一天做影响不大，比如读一本好书，看一部好电影就属于此类；还有一类事项是属于大计划中的一部分，与其他事项有关联，并且变化的可能性会比较大，比如策划一场大型活动可以分为非常多的事项，事项之间存在依赖关系。奇妙清单擅长的是第一类和第二类，而第三类建议通过专业的项目管理软件或者 Excel 去实现。

对于期限固定的事项，奇妙清单不仅提供了到期提醒功能，同时可以和移动设备自带的日历进行无缝集成，当我们在奇妙清单中创建了有期限约束的事项后，这些事项会自动同步到日历中，我们完全可以通过日历的形式去查看一定周期内的待办事项。

秉承极简的设计理念，奇妙清单在展示层面，仅仅默认展示“今天”“周”“全部”“已完成”的页签，这些页签对我们创建的个性化清单中的事项进行整合，其最创新的一点在于智能清单功能，这个功能提供了三个选项：“可见”选项代表这个智能清单将一直显示，“隐藏”选项代表这个智能清单将一直不显示，“自动”选项代表这个智能清单如果有内容时会显示，没有内容时会隐藏。对我个人而言，我将“全部”和“已完成”页签设置为隐藏，因为这里面的事项太多，并且基本上用不到；将其他的页签都设置为自动，这样当我完成了相应页签中的事项后，页签就会自动隐藏，从而保持自己的清单永远处于清爽简洁的状态。

与印象笔记相比，奇妙清单是一个非常轻量化的工具，具体的功能介绍不再赘述，只有亲自使用，我们才能更快和更深刻地体会到这款工具给我们带来的价值。

思维导图工具：个人创新管理利器

我们以为创新就是石破天惊的变革，其实创新更多的是小桥流水的改变。创新其实发生在平淡生活的每一刻。

最近每天开车上下班的路上，我都会通过微信听《未来简史》的有声书，但是这样听书的弊端是手机黑屏后微信听书无法自动切换到下一节，我不得不手动解锁手机切换到微信，这个解锁动作对开车来讲并不安全，为此我打开了导航地图，让手机保持常亮状态，这样不用每次解锁手机就可以切换到微信，这就是创新。

在等电梯的闲暇 5 分钟，我并非无所事事，而是打开手机学习一篇深度好文，并收藏到云笔记中，这也是创新。

每次想到要买什么东西时，我都会随手记录在奇妙清单中，然后在周末晚上的时候集中采购，这也是创新。

当我思考部门发展规划时，打开思维导图，利用工具让自己的思绪在导图中蔓延，这也是创新。

思维导图是由英国大脑潜能与学习法研究专家东尼·博赞发明的思维工具，至今全世界高达 2.5 亿人受益于此工具。思维导图之所以能够成为全世界追捧的革命性思维辅助工具，原因在于其简单易学、效果明显。

（1）思维导图工具的使用是真正零门槛，无须任何培训和学习，所有人都可以直接上手，甚至包括幼儿园的小朋友。

（2）思维导图通过图形化的方式将内容全盘展现，能够让使用者从全局的视角审视内容。

（3）思维导图的展现方式和人脑思考方式十分接近，更加容易刺激人脑展开自由联想，从而引发创新。

（4）思维导图能够帮助使用者更加全面和全方位地展开思考，避免遗漏现象的发生。

（5）思维导图能够引导使用者主动和深入地思考、分析和学习，能够帮助使用者更好地构建个人知识体系。

对同样的故事，分别使用文字、图像、声音、视频的方式展现出来，大部分人会选择视频方式，因为声音和图像相结合更有利于大脑对事物的捕捉和记忆。在沟通理论中有个共识，沟通中 70% 的信息都来自非语言的肢体、表情等传达的信息。当一个人在沟通过程中表现出愤怒甚至推推搡搡时，他说什么已经不重要了，他的声音和动作画面已经传达了他想表达的内容。很多人去语言不通的国外旅行时，仅仅通过比画、画图等方式也能够顺畅地完成旅行，这再次印证了人类基因对图像的敏感和偏爱，所以人类是视觉系生物。针对“爱美之心人皆有之”的视觉系人类，思维导图通过图形、符号、颜色等多种表现方式，非常直观地将内容通过视觉的方式展现出来，方便我们自我沟通和对外沟通。

自我沟通其实是一个自我挖掘的过程，在这个过程中我们一方面能够对自己的知识体系温故知新，另一方面也能进行更加深入的思考。借助思维导图工具，我们可以将需要解决的问题像剥洋葱一样层层剥开，能够让之前混乱不堪的思路渐渐清晰和明朗。思维导图中关联的每个分支的线条，就像一根根神经，将整个思路构建出来，形成神经网路。这就是思维导图的奇妙之处，它将我们对问题的思考通过神经网络的方式系统化地呈现在我们的面前。

思维导图的这个特点也能够帮助我们对外沟通和展现自己的想法、思路、创意等信息，因为每个人的教育背景、成长背景不同，导致思考和认知方式也不尽相同，思维导图提供图文并茂的沟通方式，能够减少对方的理解偏差，从而提高沟通效率。

使用思维导图需要注意的是，思维导图并不能立竿见影地提升我们的思考能力，思维导图的价值在于加速提升我们的思考能力，同时提升我们的思考效率。比如一个人的文案功底，并不会因为他使用了电子文档书写或语音输入的方式就发生天翻地覆的变化，但是借助科技工具进行文字输入，能够提升输入效率，效率的提升能够让一个人在同样的时间内写出更多的文章，而写作量的增多反过来提升了文案能力。所以思维导图的直接价值在于提升思考效率，间接价值在于提升思考能力。

思维导图适用的场合非常多，读书拆书、记录会议纪要、制订旅行计划、制订公司战略，甚至解决世纪难题等都可以借助思维导图工具达到事半功倍的效果。同时，也正因为思维导图的开放性特点，加上每个人遇到的问题场景不尽相同，所以思维导图的使用方法并没有绝对的正确和错误，一切都需要在实践中不断摸索和总结，从而得出最适合自己的方法。但是正如再灵活的管理学，也能够总结出通用的方法论一样，思维导图在使用中还是存在一些最佳实践经验。

（1）最经典的思维导图是放射状的排列方式，这样的排列方式最符合我们大脑神经的信息传递模式，就像大自然中的蒲公英一样，放射状排列的蒲公英绒球种子能够保证任何一个方向的来风都可以把种子传播出去。但是思维导图仅仅是一种工具，根据不同的需要，我们可以灵活采用不同的展现形式，比如 XMind 就提供了如下几种在不同场景的应用形式。

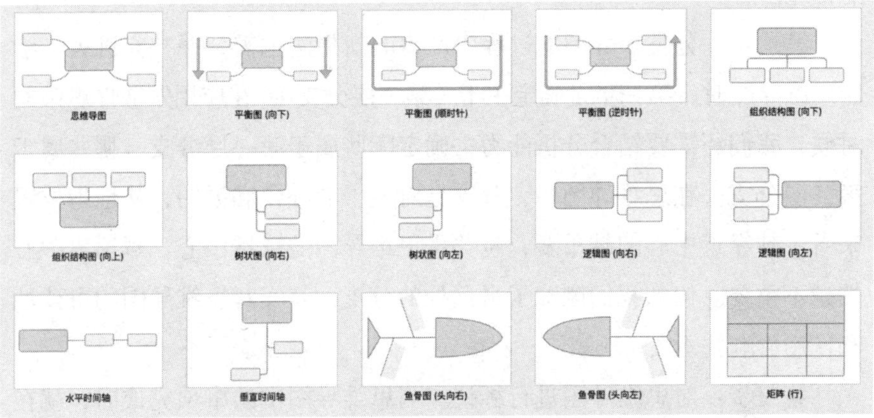

思维导图的放射状形式从另外一个侧面也记录了我们思考不断深入的轨迹，也就是说，我们通过静态的思维导图展示出了动态的思维过程。

（2）思维导图同一个级别的分支数量并非没有限制，建议数量限制在个位数，因为我们大脑每次能够记牢的信息块往往是 9 块以内，超量的分支会让我们难以聚焦在核心问题上。如果分支过多，只能说明我们并没有将总结规划做到位，还有进一步优化的空间。

（3）思维导图的层级也不适合过多，最好不要超过五层。过多的层级同样会使我们迷失在深深的层级里面而难以聚焦。如果我们列出的思维导图层级大于五层，说明我们还没有想清楚或者没有做到位。

思维导图书写的步骤

第一步：我们的每一个新想法都蕴藏着勃勃生机，所以一开始时不要怕想法太幼稚、经不起推敲或过于荒诞，在这个阶段，我们关注的是想法的数量。思维导图能够帮助我们思考并寻找一个尽可能多的问题解决方案，也就是扩展思考的宽度，进行发散性思维。所以在使用思维导图时，首先关注的是发散式思考。

发散式思考利用的是想象力，这个过程中只做简单的判断，并不会做严密的推理式判断，发散式思考无须考虑逻辑和合理性，只要能够想到就好，这是创新最直观的反映。当我们希望找出多个解决方案的时候，往往需要突破自己固有的思维局限，跳出既有的思维框架，也就是不按照常理出牌。

第二步：分类。分类的过程中产生的新想法也需一并补充进去。绘制思维导图时，第一步是确定主干（第一层分支），在应用发散性思维的时候，我们还需要结合分析能力去确定哪些属于第一层分支，哪些属于第二层分支。在思维导图中，分支是对主干的细化和说明，从地理位置来看，越靠近中心的越重要，越关乎思维导图的目标中心；越远离中心的越不重要。假如我们删除了最远处的分支，其实对思维导图的可读性和作用影响并不大。

第三步：对思维导图进行标记。当思维导图中的事项完成时，就在图上用删除线划掉，或者使用特殊颜色比如绿色标记。对思维导图进行标记能够让我们很清晰地看出哪些完成了，哪些还没有完成，帮助我们的思维更加聚焦。

多的钱去购买信息，就算信息免费，但是从时间成本上看代价也是异常昂贵，如果买到的数据或者信息不能转化成自己的知识和智慧，那么这些数据或者信息对我们而言依然是没有价值的，就算我们学富五车，也仅仅是纸上谈兵。将数据和信息转化为知识和智慧需要我们构建个人的知识体系。

构建个人知识体系的途径和方法非常多，读书、上网、报班、看视频、听音频等都是知识输入，从广义上讲，我们和社会的每次接触都是构建个人知识体系的过程。面对林林总总的知识体系输入渠道，阅读仍是最经典和最有代表性的，阅读可以追溯到三千年前殷代后期刻在甲骨上的文字；在移动互联的今天，阅读仍是充满活力的知识输入方式。最难能可贵是，阅读能够帮我们深入并系统地思考，能让我们完全沉浸在想象空间和思考心流中，这一点远非音视频方式能比拟，构建个人知识体系建议从阅读开始。

全世界每年阅读最多的是只占世界人口 0.25% 的犹太人，平均每一个犹太人每年读 65 本书，也就是不到一周就读完一本书，而占世界人口约 21% 的 14 亿中国人，平均每人一年连一本都读不到。犹太人读这么多书有用吗？历史上 41% 的诺贝尔经济学奖、27% 的诺贝尔生理学或医学奖、25% 的诺贝尔物理学奖、20% 的诺贝尔化学奖、12% 的诺贝尔文学奖、30% 的奥斯卡奖都被犹太人收入囊中。

我们每个人都生活在一个需要持续学习和终身学习的时代。互联网加快了知识更迭和推陈出新的速度，一个曾经在行业里拥有高超专业知识或技能的人，如果在知识精进方面停滞不前，那么很可能只够吃五年的老本，五年后他拥有的陈旧知识就会退出竞争舞台。在知识保鲜期越来越短的时代，学习停滞就是活力停滞，生命力停滞，最终和社会脱节，被社会淘汰和抛弃。

值得欣慰的是，这些年读书和跑步一样并没有被人遗忘，越来越多的年轻人开始捡起书本阅读，读书越来越成为都市人的时尚潮流。但读书一旦成为潮流，一旦成为朋友圈晒图的风景，我就隐隐有些担心，因为只要被打上“潮流”标签，迟早有一天会退潮和被人淡忘。阅读和知识精进本应是和潮流无关的美好，阅读只和个人精神世界有关，和个人成长有关。

在这个全民读书的潮流中，为了让阅读回归其本身价值，我们需要思考为什么需要读书。因为很多人感觉，读很多书，日子依然照旧，房东照旧收租金，地铁照旧拥挤不堪，薪资照旧赶不上市平均收入。

阅读是一个缓慢量变的过程，坚持三五年我们就会发现，自己的认知、思想、精神状态和之前有了天壤之别。曾经我希望通过跑步减肥，最初由于在北京缺乏条件只能周末跑步，要是赶上下雨天、刮风天、雾霾天，可能半个月也跑不了一次，我的体重在断断续续的跑步后依旧不变。后来因为出差到西北，才有了天天跑步的条件，体重不到一个季度就降了下来，这就是坚持和积累的力量。和跑步减肥不同，阅读的积累周期更长，但同样是长期量变到质变的过程，日积月累才可以成就个人知识体系。

十多年前，我还在攻读研究生时，每天上下学路上都会看余世维老师的管理类书籍，当时并没有特别明确的目的。但是事后想来，研究生毕业后的至少五年内，我在职场上的每一次沟通、汇报，每一份工作的思考方式和做事方法，都是余世维老师的书籍在潜移默化地影响和指导着我。我们之前看过的书、听过的课，感觉已经忘记，但是下意识的行为却提醒我们这些知识已经融入我们的大脑，成为身体的一部分，从而构建成了我们自己的知识体系。

读书不是为了晒朋友圈，而是要帮助自己成长，有助于成长的阅读不仅包含实用技能层面，也包含心灵修养层面。无论是实用技能还是心灵修养，阅读的目的是让我们开阔眼界、充实精神和升华思想，和格调无关，只和自己的心境有关。前些天我看了一本介绍红酒的图书，虽然和我的职业无关，但是能够了解红酒背后的潮流和格调，对我来说是一种精神上的富足，我对这次阅读收获非常满意。阅读一本书相当于我们和作者面对面深入交流五个小时，享受这个交流过程，跟着作者的思想前行，探寻作者的精神世界，想想都很美妙。

Y 理论，Y 理论的基础在于人们都满足了马斯洛需求层次的低层需求，处于追求自我价值实现的高层需求，但是现实中并非所有人都达到了这个境界，大多数人还差距甚远。自组织团队有点老子的“无为而治”的意味，强调通过目标实现过程的“无为”，充分激发员工的主观能动性，最终达到“治”的目标。

自组织团队并非没有原则和制度，而是原则和制度已经融入每位员工的意识中，自组织团队不需要书面或者外在的原则和制度的约束，靠的是默契和自驱力来攻城略地，打造高绩效战果。很多团队管理者都推崇自组织团队，并且将其作为团队管理的目标，结果画虎不成反类犬，没有原则、没有制度，采用放养的方式进行团队管理，最终团队成了一盘散沙。在成为自组织团队之前，团队依然需要书面和外在的原则制度，提高效率，形成习惯，最终成为自组织团队。

制度、规矩等原则能够保证团队不至于失控，能够保证团队的效率。那么，好的团队原则是什么样子呢？

好的原则一定是细化到位的原则，原则不是形式主义，不是高高在上，而是接地气、可操作的。

以某银行 IT 系统群投产项目团队沟通原则为例，其投产上线涉及一百多个系统、三千多个人员，要共同在 48 小时内完成任务，这是一个大团队协作的过程，沟通原则在这个大团队的众多原则中尤为重要。这个大团队的沟通原则设计如下。

某银行 IT 系统群投产项目团队沟通原则		
1	首问责任制	首次受理问题的第一责任人，无论问题是否与自己有关，都必须跟踪到底，直到问题完全解决
2	迅速响应制	严格按照调度指令执行相应任务，收到调度通知后需要迅速响应和执行
3	人员保障制	在投产上线阶段，原则上不允许任何岗位换人，第一责任人由于特殊原因发生变更时，需要对应部门第一时间通知投产办公室，实施人员变更
4	事项记录制	凡投产上线过程中遇到问题、事件、建议等需全部记录下来，日终按照汇报路径进行汇总汇报

这样的团队沟通原则我们认为怎样？如果认为比较到位的话，可以再看看下面这个版本：

某银行 IT 系统群投产项目团队沟通原则		
1	首问责任制	• 采用首问负责制的方式解决和跟踪问题，即提出问题的项目组执行人为首问责任人，无论问题是否与自己相关，都必须跟踪到底，直到问题完全解决；所有问题由首问负责人按照下发的问题记录模版统计和跟进问题的解决
2	迅速响应制	• 按照调度总表触发条件，自动触发任务并下发短信和邮件通知 • 调度人员关注已下发任务的确认情况，超过 5 分钟在系统中无响应，总调度拍照截图发至“支持群”并 @ 执行人 • 如超过 10 分钟在系统中仍无响应，总调度打电话通知执行人现场直接向领导解释原因 • 调度人员每隔 2 小时，统计未及时响应的调度序号、人员名单和对应部门，提交至领导通报处罚
3	人员保障制	• 当天支持人员需要在“签到签退表”上签字确认 • 签到签退时间结束 30 分钟后，调度人员整理未签到人员名单，提交至“支持群”通报 • 超过 60 分钟未签到，调度人员打电话通知人员现场向领导解释原因 • 如果请假需要走纸质流程，并提前做好交接工作，请假人员先向部门负责人请假，确定交接人后再提交指挥部审批
4	事项记录制	• 各首问责任人于每天 14:00 之前将问题（前一天 14:00 之后至今天 14:00 之前）记入“问题跟踪表”后，发给张三 • 归纳整理问题列表，所有各个渠道群组长、问题涉及的提出人、负责人于 15:00 参加每日总结会 • 每日总结会由当日系统建设办公室值班领导负责主持和决策 • 每日总结会形成会议结论纪要并下发执行

除此之外，该团队还煞费苦心地制作了沟通原则流程图，帮助团队成员理解一致和理解到位。

好的原则一定是人人平等的，只有人人平等，领导不搞特殊化，原则才能真正得到贯彻和执行。我相信所有人包括领导都非常赞同这一点，但是真正执行时领导往往会成为打破这个原则的人而不自知，比如开会时违反了不能迟到的原则，领导归因于自己和重要客户的会面，虽然作为下属很少会有人站出来指出领导违反原则，但是会在心中降低原则的分量，最终原则将彻底缺失公信力。好的原则一定是责任到人、奖惩分

后记

一切才刚刚开始

职场不是战场，成长需要快乐！让成长更加幸福、工作更有节奏、学习更加富足、生活更加充实是这本书的思考和尝试，希望每个人在被手机、互联网绑架的此时此刻，都能够静心思考一下自我的成长之路，思考内心深处究竟想要过怎样的人生，以及如何主动获得这样的人生。所有的这些都促成了这本书的诞生。此书不仅浓缩了我过去十多年在人力资源、互联网和金融等行业的经验，更融入了相应的深度思考，希望能够带给小伙伴们不一样的关于积极成长和深度精进的技巧。

我并非专职作者，依然沉浸在职场第一线，每天都要思考业务、团队、规划等问题。成长是一个相对虚无缥缈的话题，将成长具体化、形象化和可操作化是一个极其烧脑的挑战，也正是得益于一直身在职场，我才能接受挑战，带来更接地气、更有深度、更加实用的成长精进技巧。针对每一个成长的精进技巧，我不仅告诉大家其价值、意义和作用，更详细地告诉大家如何一步一步地做，最终达成想要的目标！我希望阅读完这本书的朋友，能够合上书后马上在工作和生活中实践每一个精进技巧，让“积极成长”不再是空洞的口号，而是蜕变成看得见、摸得着的最佳实践指导！

别急，一切才刚刚开始。职场九宫格中的九大成长板块需要在践行中持续融入个人思考，并让思考去指导和修正自己的行为，最终得出专属自己的职场九宫格。每个人在世界上都是独一无二的存在，尊重自己的存在感，活出自己的个性，只有这样才能够让你的成长搭上精进的快车，快速积累自己的知识体系，练就如鱼得水的沟通技能，抓住稍纵即逝的机遇，成就职场精英大咖，绘制丰富多彩的人生油画。